peygamberimiz nasıl bir babaydı?

NURİYE ÇELEĞEN

NURİYE ÇELEĞEN

e-mail:nuriyecelegen@yahoo.com

Kahramanmaraş'ta dünyaya geldi. Marmara Üniversitesi Fen Edebiyat Fakültesi Türkoloji bölümünü bitirdi. İslamî Türk edebiyatı bölümünde master yaptı. Edebiyat öğretmenliği yapmakta.

YAYINLANAN KİTAPLARI

- Hanımların Gözüyle Bediüzzaman
- Kadın Nasıl Mutlu Olur?
- Neden Örtünüyorum?
- Yürek Fısıltıları
- Said Nursî'nin Gözüyle Kadın
- Bediüzzaman'ca Bakışlar
- Alfya
- Bir Ayrılık Bir Gurbet
- Peygamberimiz Kadınlara Nasıl Davranırdı?
- Peygamberimiz Çocuklara Nasıl Davranırdı?
- Peygamberimiz Nasıl Bir Babaydı?
- Peygamberimiz Gençlere Nasıl Davranırdı?
- Aşk-ı Sükûn: Her Kadın Hacer'dir.
- İffet-i Kalp: Hz. Meryem

"Hiçbir baba, çocuğuna, güzel terbiyeden daha üstün bir hediye veremez"
~Hadisi Şerif
Tirmizi

peygamberimiz nasıl bir babaydı? NURİYE ÇELEĞEN

Cenâb-ı Hakk'ın gönlümüzü şereflendirmesi için ahlâkımızı güzelleştirmeye vesile olması dileği ile...

Seni Seven kızın

peygamberimiz nasıl bir babaydı? NURİYE ÇELEĞEN

Yayın Yönetmeni:	Ali Erdoğan
Yayın Danışmanı:	Metin Karabaşoğlu
Editör:	Salih Sayılgan
İç Tasarım:	Nuran Kırışgil
Kapak Tasarımı:	Gökhan Koç
ISBN:	978-975-269-393-7
Yayıncı Sertifika No:	12403
Matbaa Sertifika No:	16106
Baskı Tarihi:	Mart 2013
Baskı Cilt:	Nesil Matbaacılık

Beymer San. Sit., 2. Cad., No: 23
Yakuplu-Beylikdüzü / İstanbul
Tel: (0212) 876 38 68 pbx

Sanayi Cad., Bilge Sk., No: 2 Yenibosna
34196 Bahçelievler / İstanbul
Tel: (0212) 551 32 25   www.nesilyayinlari.com
Faks: (0212) 551 26 59   nesil@nesilyayinlari.com

© Fikir ve Sanat Eserleri Yasası gereğince bu eserin yayın hakkı anlaşmalı olarak **Nesil Basım Yayın Gıda Tic. ve San. A.Ş.**'ye aittir. İzinsiz, kısmen ya da tamamen çoğaltılıp yayınlanamaz.

İçindekiler

Babalığı kimden öğrenmişti? 7
Çocuklarını hiç ağlatmadı 9
Genç kız ağlarken 11
Gurbette bir yürek 13
Kızları boşanırken 14
Seven bir babaydı 16
Kızı babasından isteme 18
Evlilikte kıza sorma 20
Evlilik zırhı 21
Genç kızın babaya verdiği hüzün 23
Babanın geline son sözleri 25
Düğün yemeği 27
Fatıma'ya güzel kokular 29
Babanın evlilik duası 31
Babanın kıldırdığı evlilik namazı 33
Babanın tutturduğu eller 35
Gözyaşlarını silen baba 37
Gelini ziyaret 39
Kendinize bir ev bulun 40
Melekler düğüne katılır mı? 42
En güzel çiftler 44
Hanginiz daha yorgun? 45
Damada teşekkür 46
Kızıyla haberleşme 47
Altı yıllık ayrılık 49
Toprağa düşen tomurcuklar 50
Kabir yolculuğunda da baba 52
Damada ceza 54
Çocuklar hastalanınca 56
Erkeklerle iddialaşma 58
Melekler ne yer? 60
Babanın yarasını yıkadı 62
Çocukları olmadan Medine'ye girmedi 64
Çocuğuna yardıma sevinme 66
Evlilik sabır mı? 68
Aranan para 71
Cennetten gelen yemek 73

peygamberimiz nasıl bir babaydı?

Melekler korudu 75
Bencil olmayan baba 76
İnsanların en sevgilisi 78
Ebu'l-Kasım'ı ağlatan çocuk 79
Altı çocuğu ölen baba 81
Kızının yetim ve öksüzleri 83
Eşleri barıştırdı 85
Yavruyu dualarla teselli 87
Çocuklar hep önde 88
Çocuğuna ayağa kalkmak 89
Eşitliğe önem veren bir babaydı 90
Köle ile esir 91
Kızına hasta ziyareti 92
Babayla eşleri kıyaslama 93
Yavrusuna sabır tavsiyesi 95
Dua ile doyma 96
Mescidden sonra çocuğu 97
Cihat mı, çocuk mu? 98
Namaz kılmaz mısınız? 100
Dördüncü kızın doğumuna sevinç 102
Üvey baba 104
Üvey babanın güzelleştirdiği kız 106
Davranışla eğitim 107
Çocuklarını koruyan babaydı 109
Sabret 110
Çocuklarını O'na götüren babaydı 112
Kocana itaat et 113
Ümit veren babaydı 115
Allah yolunda olan baba 116
Şeytanların çocuklara iştiraki 117
Allah yardım eder 119
Peygamberimizin çocuklarına mirası 121
Süper güç baba 123
Saygı kimden? 125
Çocuklarına güzel isim 127
Torunlara isim 129
Kardeş birliği 130
Alemlerin toplandığı örtü 131
Çocuğunu mehdi ile teselli 134
Sonsuzluk için uyaran baba 136
Ve o babaydı 138
Sonunda 141
Dipnotlar 143

Babalığı kimden öğrenmişti?

Anne Amine'nin yüreğine kor gibi düştü yavrusunun yetimliği. Ağladı anne... İplik iplik akıttı gözyaşlarını...
Babasızdı O. Yetimdi...
Gözyaşlarıyla bekledi yavrusunu...
Melekler üzülüp ağladı...
Melekler şaşırdı...
En büyük sevgiliyi Rabbi nasıl babasız bırakmıştı.
Melekler şaşkınlıkla sordular Rablerine:
"Ey Rabbimiz!" dediler "Sevgilin babasız kaldı?"
Sevgilin yetim kaldı.
Sevgilin koruyucusuz kaldı.
Dayanaksız kaldı.
Meleklerine cevap verdi Rabb.
"Onun koruyucusu ve yardımcısı Benim."
Onu, Rabbi terbiye edecekti. Her şeyi Rabbinden öğrenecekti. Rabbi bu öğretiyi, bir babanın çocuğunu nasıl koruması gerektiğini insanlığa anlatmak, insanlığa babalık dersini vermek için yapmıştı.
Onun için Peygamberimiz en iyi babaydı.
En ideal babaydı.
Örnek babaydı.
Çocuklarını hiç onun kadar düşünen bir baba olmadı.
Çocuklarını onun kadar koruyan bir başka baba da.
Dünya ve ahiretlerini korudu.
Her yaş döneminde hep yanlarında oldu. Elerinden tuttu. Sevinçlerini paylaştı, gözyaşlarına mendil oldu.
Onları korudu kolladı. Onları sevgiyle sardı. Şefkatle kucakladı. Her türlü dertlerini dinledi. Onlara çare oldu, çare buldu.
Eşinden dertlenen, babasına koştu. Onlara teselli kaynağı ol-

du. İşinden şikayet eden babasına koştu. Onlara çıkış yolu gösterdi.

Ona nasıl baba olunacağını Rabbi öğretmişti. Onun babalık modeli Rabbimizin istediği ve razı olduğu örnek baba modelini oluşturmaktaydı. Onun babalık davranışında, Rabbin beğenisini ve rızasını kazanan bir baba modeli vardı.

Onun babalık yönlerini bilmeyen her babanın babalığı eksiktir.

İdeal çocuk için, ideal baba olmak gerekir. Fatıma'lar gibi çocuklar için Fatıma'nın babasına benzemek gerekir.

Bu çalışma Onu tanıma yolundaki gayretin devamı. Onu tanıma yolunda yeni bir adım. Onun nasıl baba olduğunu öğrenme yolunda gayret eden bir adım...

Bu adımların bizi, O'na (a.s.m.) ulaştırması duası ile...

NURİYE ÇELEĞEN
Üsküdar, 11.11.2007

Çocuklarını hiç ağlatmadı

Minik bir kundağa sarmışlardı âlemleri...
Doğduğu zaman söylemişti sırrını. Sevgiyi fısıldayıp, şefkati dile getirmişti.
"Ümmeti..." demişti secdeye kapanıp.
Başkalarını dilemişti.
Tespih olmuştu dilinde merhamet. Söylemişti:
"Ümmeti..."
Kelime olup, dökülmüştü sevgi. İstemişti:
"Ümmeti..."
Tüm bebekler kendisi için ağlarken, o tüm insanlar için seslenmişti.
"Ümmeti..."
Sevgiyle dolu, şefkatle yüklüydü...
Hiçbir ana onun kadar şefkatli değildi.
Ağlayan bir çocuk, onun merhamet dünyasına kor gibi düşerdi. Ağlayan minik bir kalbin hicranına dayanamaz, O da ağlardı.
Çocukları ağlatmamayı tavsiye etmişti ümmetine. Ağlayan her çocuk onun şefkat dolu yüreğini sızlatırdı.
Sevgili torunları Hasan ve Hüseyin'in ağlatılmaması konusunda da çevreyi uyarmıştı.
Hatta bir defasında sevgili torunu küçük Hüseyin'in ağladığını duyduğunda eşlerine:
"Beni deli mi etmek istiyorsunuz?" diyerek hissettiği büyük şefkati ve çocuğun ağlamasından duyduğu üzüntüyü dile getirmişti.
O hiçbir zaman, hiçbir çocuğu ve çocuğunu ağlatmadı.
Hiçbir çocuk ve çocuğu ondan şikayetçi olmadı.
Hiçbirini üzmedi.
Ağlayan her çocuğun gözyaşı, önce Onun şefkat yüklü yüreğine damlardı.

Ağlayan her çocuğun, kederi ve hayal kırıklığı önce Onu yakardı.

O çocuklarını hiç üzmeyen, hiç kırmayan, hiç incitmeyen bir babaydı.

O, yavrularını merhametle sarardı, şefkatle kucaklardı.

O, bir babaydı...

Çocuklarına, Allah'ın şefkat ve merhamet eden ismi olan Rahim ismiyle yönelen bir Babaydı (a.s.m.)...

Genç kız ağlarken

Güneş, Mekke'nin kalbine düşmüştü o gün. Yanıyordu Mekke. Çöl sıcağı kavuruyordu ruhları. Vicdanlara vurmuştu çölün sıcağı alev alev...

Peygamberimiz, Allah'ı (c.c.) anlatıyordu çevresindeki insanlara. Anlattıkça hakaretin boyutu artıyordu onun için.

Peygamberimiz yine de devam ediyordu. Hakaretler daha da artıyordu.

Rahmet Peygamberi diyordu:

"Ey insanlar! Allah'tan başka ilah olmadığını kabul edin de kurtulun."

Karşılık hemen geliyordu sevgiler sevgilisine ya bir tükürük, ya da bir çirkin söz olarak. Kalbi taşlaşmış bazı zavallılar da toprak atıyorlardı o nur yüze.

Güneş yükseldikçe yükseldi, sıcaklık artıkça arttı. Ruhlar ve çevre yangına dönüştü.

Vakit öğle olmuştu...

Güneşin koru düşmüştü vicdanlara.

Ruhlarındaki sıcağı hissedemeyenler etrafın sıcağına dayanamayıp gitmeye başladı.

Bir genç kız geldi Hz. Peygamberin yanına. Sanki bu dünyadan değildi, bir başka boyuttan düşmüş, pırıl pırıl yanan bir çiğ tanesi gibiydi.

Ağlıyordu...

Gözlerindeki yaşlar bir başkaydı sanki. İnci inci dökülüyordu gördüklerinin üstüne. Öyle ağlamamıştı hiçbir insan, ağlamayacaktı da...

Kalbi gençliğinin hızıyla çarpmaktaydı kızın.

Titriyordu rikkat dolu yüreği. Öyle titrememişti hiçbir yaratılmışın yüreği...

peygamberimiz nasıl bir babaydı?

Zarafet ve nezaketin timsali, merhamet ve sevginin kaynağı olan babasına yapılanlar dağlamıştı duygulu yüreğini. Korku kor gibi düşmüştü sancılı yüreğine.

Ağlıyordu kız...

Gözyaşları yüreğindeki acıları taşıyordu. Genç sinesinden kopup gelen damlalar küfrün koruna düşüyor gibiydi...

Eğilip babasına verdi elindekileri. Tüm çaresizliğini uzattı sanki.

Su ve mendil...

Verdikleri duygularının ifadesiydi adeta.

Sevgililer sevgilisi suyun bir kısmını içti, bir kısmı ile de abdest aldı.

Genç kız hâlâ ağlıyordu...

Genç yüreğin yaşları bir merhamet deryasına damladı.

Başını kaldırdı sevgili Peygamberimiz, kızına baktı. Yavrusunun kırgın dünyasını gördü gönül gözüyle.

Genç kızın göğsüne kor gibi düşen bu olay, genç kızı maddi dünyadan uzaklaştırmış, ona yakasının açıldığını fark ettirmemişti.

Sevgili baba yavrusuna baktı ve dedi.

"Yavrucuğum göğsünü kapat. Babanı mağlup edecekler, aşağılayacaklar diye de üzülme."

Bu olayı uzaktan seyreden Haris İbn-i Hari el Gamidi sordu.

"Bu kız kim?"

Yanındakiler cevap verdi.

"Kızı Zeynep..."

Dünyevi sıkıntılar onun için önemsizdi. Göğsünü imana kapatanların hakaretlerinin ne önemi vardı. Allah'ın kabulüydü önemli olan. O'nun rızasına gölge düşmemesi için açılan yakasını kapat dedi yavrucuğuna.

O bir babaydı...

Çocuklarını, Allah'ın örten, kapatan ismi olan Settar ismiyle, günahlara karşı koruyan bir Babaydı (a.s.m.)[1]

Gurbette bir yürek

Yıllar olmuştu gideli...
Hasret buram buram, ayrılık kor kordu.
Eşiyle birlikte düşmüştü ayrılık yolarına. Gurbetin adına hicret demişlerdi.
Göçmüştü sevgili peygamberin, yürek çiçeği sevgili Rukiye'si yaban ellere. Tanımadığı ülkelere. Uzaklara, çok uzaklara... Habeşistan diyarlarına yol almışlardı.
Yıllar hasreti yüreklere ince ince dokuyarak geçip gitmişti.
Yıllar geçmişti, ama ne bir haber, ne bir bilgi ulaşmıştı sılaya. Sevgili babada hasret artıkça arttı...
Yıllar sonra Habeşistan'dan bir kadının geldiği duyuldu. Sevgili peygamberimiz hasretini sordu kadına:
"Rukiye'yi gördün mü?"
Kadın "Evet gördüm." dedi.
Hasret biraz azalmış, yavrunun haberinin sıcaklığı sevgi yüklü babanın kalbini ferahlatmıştı.
Demek sağdı Rukiye. Demek ulaşmıştı Habeşistan'a...
Dahasını sordu Allah Resulü:
"İyiler mi?"
"Evet" dedi kadın.
Sevgili babada şükür dua oldu, Yaratana uzandı...
"Ya Rabbi! Sen onların her ikisine de yardımcı ol. Osman, ailesiyle hicret eden ilk kimsedir."
O, çocuklarını Hannan ismiyle özleyen bir Babaydı (a.s.m.)...[2]

Kızları boşanırken

Sabır imtihanı büyüktü sevgili peygamberin.
İki goncası Ebu Leheb'in oğullarıyla nişanlıydı.
İslam güneşi doğmuştu. Bu karanlık aile, ışığa inatla sırt dönmüşlerdi.
Allah, Ebu Leheb'in karısını tanımladı Tebbet suresinde.
Küfrün çılgınlığı, kaynana hırsı ile birleşince oğullarına koştu Ebu Leheb'in eşi.
İntikam...
Nişan atılacak!
Gülsüm'ün nişanlısı Utbe, sevgili babanın huzuruna geldi, anasının öfkesini döken sözlerle nişan akdini bozduğunu sevgili babaya söyledi.
İki gonca, babanın nur bahçesinde kaldı. Onlar cennet bahçelerinin gülleriydi, nur bahçesinden koparamazdı onları küfrün elleri. Karanlık kalpler, peygamberlik gülünün nurlarına bağlanamazdı.
İncinmişti Kâinatın Efendisi. Gülünü hırpalayanlara incinmişti. Eşsiz goncalarının gönül yapraklarını incitenlere incinmişti.
Işığı göremeyen kara bahtlıya, incinmişti. Bu büyük nasibin kıymetini bilmeyen kıymetsize incinmişti sevgili baba.
Yavrusunu incitenler için Rabbine sığındı, onlara beddua etti...
Hayatı boyunca ettiği sayılı beddualarından biriydi, çünkü onlar yavrusunun gönül filizi kırmıştı.
"Allah, sana bir itini musallat etsin."
Baba duası peygamber duası gibiydi. Ya baba bir peygamberin duası?
Kabul Mucib olan Rabbinden hemen geldi. Kahır okları dö-

küldü semadan... Allah bir itini musallat etti Utbe'ye. Bir arslana yem yaptı onu...

O, çocuklarının kırılan kalbiyle kırılan bir babaydı.

O, çocuklarının kırılan kalbi için Allah'ın intikam alan, suçluya cezasını veren anlamlarına gelen ismi Müntakim'e yönelen bir Babaydı (a.s.m.)...[3]

Seven bir babaydı

Sevgiyi sözcükler tanımlar. Yürekler sözcüklerin ellerinden tutup başkasına kaçar. Duygu denen gizemli dünya, sözle yol bulup dışarı akar.

Çocuklara sorarız " Beni ne kadar seviyorsun?" diye.

Minik dünyasındaki sevgiyi kelimelerle ifade etmesini umarız. Bulamaz çocuk çoğu kez, duygularını dillendirecek sözcükleri. "Çok" der, bazen de küçük kollarını açabildiği kadar açarak anlatır sevgisinin büyülü büyüklüğünü.

Onun, çocuğu sevmesi de başkaydı.

Çocuklara sorardı.

"Beni seviyor musunuz?"

"Evet!" derdi çocuklar. "Evet ya Resulallah!"

Peygamberimiz duygularını sözcüklere dökerdi.

"Vallahi ben de sizi çok seviyorum!"

Dördüncü kızıydı Fatıma'sı.

Seviyordu...

Hiç bir babanın sevmediği kadar... Sevemeyeceği kadar...

Sevgisini kimi zaman şefkatle yanaklarını okşayarak, kimi zaman da ellerinden tutarak dillendirirdi. Ve sözcüklerle desteklerdi anlatımını.

Sevgi, şefkat olup damlardı sözcüklerinde.

Sevgi, merhamet olup akardı kelimelerinde.

Sevgi, sözcüklerde güller açtıran bir güzelliğe ulaşırdı ifadelerinde.

Fatıma'sının ellerinden tutar ve sevgisini tanımlardı.

"Ciğer köşem..."

Kalbinin bir parçası... Yüreğinin bir yanı... Hayatiyetinin ta kendisi...

Ciğer köşesi.

seven bir babaydı

Ciğerinin köşesi...
Sevginin ve sevmenin sözcükteki eşsiz ifadesi...
"Ciğer köşem..."
Sevginin sözcük sultanı, sultan tanımı:
"Ciğer köşem..."
O, çocuklarını çok seven bir Babaydı...
O, Allah'ın kullarını çok seven ismi Vedud'u sözcüklerle çocuklarına ifade eden bir Babaydı (a.s.m.)...[4]

Kızı babasından isteme

Arkadaşları cesaret vermişlerdi.
"Haydi, bekleme artık..."
Heyecan kasırgasına düşmüştü. Bir yaprak gibi titredi kalbi. Ürkekliği hissetti ilk defa. Cesaretsizliğin ne olduğunu anladı.
İlk defa bu kadar utanmıştı. Mahcubiyet iplik iplik ter oldu, dışarılara vurdu.
Hayatında duymadığı hislerle doluydu o gün.
Dostları kapıda onu bekliyorlardı.
Onlara son kez baktı.
"Gir!" diyen bakışların altında kendini birden onun huzurunda buluverdi.
Konuşamıyordu...
Bir şeyler demek istese de boğazından yukarı sözcükler çıkmıyordu. Heyecan dilini kurutmuştu. İlk defa hissetti heyecanın insanda ağız açacak mecal bırakmadığını. Sözcükler heyecan duvarına takılıp dökülemedi dışarılara.
Yalnızca önüne bakıyordu...
Susmuş, gözleri yerde, yüreği bir kelebek gibi kanat çırpan bir genç vardı Allah Resulünün karşısında. Edebi, kalbini dile dökmesine mani olan bir genç.
Peygamberimiz her zamanki halinden farklı bir psikolojide olan Hz. Ali'nin halinden oraya niçin geldiğini anladı.
Belliydi genç kâinatı istemeye gelmişti... Alemleri... Ahireti... Ciğer köşesini... Yürek parçasını istemeye gelmişti...
Peygamberimiz genci daha fazla üzmemek için onun yerine kendisi konuştu.
O muhabbet akıtan, rahatlatan tatlı ses tonuyla:
"Herhalde Fatıma'yı istemeye geldin?" dedi.
Hz. Ali, sevinçle:

kızı babasından isteme

"Evet!" diyebildi yalnızca.

Bir genç kızı babasından eş adayı kendisi istiyordu.

İstemelerde araya girenler, çoğu kez evlilik hayatı boyunca pürüzleri ilk başlatanlar olabilmekteydi.

Araya kimseyi sokmadı genç delikanlı. Dolaylı yoldan haber getirip götürmeler, üçüncü şahıslara ulaşıncaya kadar değişebilecek anlatımlar ile evliliğini sorunlu başlatmadı.

Çok özel bir meseleydi. Kendine aitti. Başkasına bırakmadı. O en özel olandan, kendisi istedi gelecekteki eşini.

O çocuklarına çok yakın olan bir babaydı...

O çocuklarına Allah'ın yaratıklarına yakın ismi olan Karib ile yönelen bir Babaydı (a.s.m.)...[5]

Evlilikte kıza sorma

Hz. Ali'nin isteğini, sevgili baba, kızına ulaştırdı. Evlilik zamanı çoktan gelmişti Fatıma'sının. Pek çok isteyeni vardı. Bu isteklerin hiçbirini kızına ulaştırmamıştı peygamberimiz. "Hayır" demişti isteyenlere.

Sevgili dostunun, amca çocuğunun isteğini söyledi ciğer köşesine.

Başka ufuklara yol alma zamanı gelmişti kızının. Peygamberlik bahçesinden koparılma zamanı gelmişti. Başka bahçelerde güller açtırma zamanı gelmişti.

Her şeyde incelikle davranan baba kızına buyurdu:

"İstemiyorsan 'hayır' de. İstiyorsan cevap verme. Sukutun kabuldür." dedi.

Babasının kendisine ulaştırdığı bu teklife, Fatıma'nın itirazı olamazdı. Olmadı da...

Asırları kucaklayan bir sessizlikle sustu. Ehli beyti coşkuya getiren bir sükûtla sustu.

Tüm melekleri coşturan bir sessizlikle sustu.

Kalbi konuşurken, gözlerinden ayrılık muştusu birkaç damla yaş salıverdi.

Ayrılık rüzgârı esmişti bir anda sevgi dünyasında. Kalp tellerini yaman sızlatmıştı ayrılık yeli.

Sevgili baba, ayrılığın ilk esintisini hisseden kızını, alnından öperek rahatlatıcı sözlerle teselli etti:

"Ey kızım! Ben seni isteklilerin içinde ilim bakımından en yüksek, ahlak bakımından en ileri, Müslümanlığı kabul bakımından en önde gelen birisiyle evlendirdim."

O, Allah'ın Mukit ismiyle çocukları için her zaman, en iyi tercihleri yapan bir Babaydı (a.s.m.)...[6]

Evlilik zırhı

Hz. Ali babadan kızını, göz nurunu hâl dili ile istemişti. O da can dostuna, bu peygamber gülünü vermeyi uygun bulmuştu.

Baba, olabilecek bir evlilikte damadın mehir parasını sordu. Hz. Ali'nin aklına hemen develeri geldi. Bedir'de kendisine ganimet olarak düşen iki deve...

Onlardan söz etti Allah Resulüne. Peygamberimiz bu teklifi de uygun buldu.

Heyecanla dalgalandı Hz. Ali. Yolları bir çırpıda geçiverdi. Develerin olduğu yere bir solukta ulaştı.

Hz. Ali'nin ulaştığı yerde tükendi tüm umutları. Develer ölmüştü. Sanki bu evlilik için ilk kurbanlar onlar olmuştu.

Tekrar koştu kızın sevgili babasına, kırık umutları ile. Develerin başına gelenleri anlattı.

Rahmet peygamberi kolaylıkla rahmeti buldu. Hz. Ali'ye zırhını hatırlattı.

Ona hediye ettiği bir zırhı vardı. Hz. Ali'ye dedi:

"Zırhını sat ya Ali!"

Hz. Ali'nin kırılan umutları birden canlandı. Sararan hayalleri bir anda yeşerdi.

Zırha artık ihtiyacı yoktu.

Ona en değerli zırhı veriyordu Hz. Peygamber. Kızını veriyordu.

En uygunu da böyle bir evlilikte bu değil miydi? Her şeyde bir hikmet ve rahmet vardı.

Bu mübarek evliliğin mehri develer değil, zırh olmalıydı.

Evlilik zırhtı...

Evlilik korumaydı...

Onun için maddi zırh satılıyordu bu evliliğin temeli için.

O, çocuklarına her zaman zırh oldu. O, çocuklarını her zaman koruyan, kollayan, zararlardan sakınan oldu.

O, çocuklarına Allah'ın koruyan, muhafaza eden Hafiz ismiyle yönelen bir Babaydı (a.s.m.)...[7]

Genç kızın babaya verdiği hüzün

Genç kızdı artık Fatıma'sı...
Gencecik bir filiz...
Taptaze bir gül. Güllerin Efendisi'nin avucunda açıp, Güllerin efendisinin bahçesinde yetişen bir gül. Cennet güllerinin en güzeli...
Mahzun bir gül... Öksüz bir gül...
Peygamberimiz, yavrusunun genç kızlık döneminde, onun öksüzlüğünü sık sık hatırlardı. Yavruları genç kızlıklarını annesiz yaşıyorlardı.
Alemlerin Efendisinin Fatıma'sı, çocuklarının en küçüğüydü ve annesi vefat ettiğinde çocuk yaştaydı.
Fatıma büyümüş, genç kız olmuştu. Onun yaşındaki tüm kızların evlerinde tatlı heyecanlar, telaşlı hazırlıklar vardı. Anneler kızları için çeyizler hazırlamaktaydı.
Güllerin gülünün hazırlayıcısı yoktu. Hazırlığı da... O sonsuzluk alemleri için hazırlanıyordu. Bu konu, onun aklına bile gelmiyordu.
Fakat Peygamberimiz, genç kız olan yavrusuna her bakışında, onun annesizliğine üzülüyordu. Bir genç kızın ihtiyaçlarına, annenin nasıl istek ve sevgiyle koşacağını düşünüyor, şefkat pınarı hüzünleniyordu. Hüznünü dile getiriyordu yanındakilere sık sık:
"Fatıma'nın annesi hayatta olsaydı, çeyiz tedarikinde bulunurdu."
Annesi yoktu, ama babası anneliği de üstlenmişti. Onun her şeyini düşünüyor, ona annesizliğini unutturuyordu. Fakat yine de kızının mutlu anlarına annenin de katılımını istiyordu sevgili baba. Kızının nikahında bu yüzden gözyaşı dökmüştü Allah Resulü.
Sevgili baba, Hz. Fatıma'ya şöyle dedi:

peygamberimiz nasıl bir babaydı?

"Ağlamama sebep sensin ey kızım. Senin de benim gibi anadan mahrum büyüdüğünü düşündüm ve içimden dedim ki; ah Hatice sağ olsaydı da bu sevinçli günümüzü görseydi! Senin çeyizini kendi elleriyle hazırlasaydı!"

O çocuklarına Allah'ın iyilik ve yardım eden ismi Mennan ile yönelen bir Babaydı (a.s.m.)...

Babanın geline son sözleri

Peygamberimizin son goncası, dalından kopuyordu.
Nübüvvet bahçesinin goncası açmış, başka güller açtırmaya gidiyordu.
Fatıma, gelin oluyordu.
Mahcubiyet, gelinlik duyguları, yanaklarını dünyanın en güzel rengine boyamıştı. Mahcubiyetin masumiyet rengiydi bu.
Kainat öğretmeninin dizlerinin dibine oturmuştu. Elleri ellerindeydi. Ders alan bir çocuk, dersini son kez tekrarlayan bir öğrenci gibiydi. Meraklı ve saygılı...
Sevgili baba, Fatıma'sına son tavsiyelerini yaptı. Genelde analar yapardı bu tavsiyeleri. Ana yoksa da ailenin büyüğü bir hanım vasıtasıyla yapardı.
Peygamberimiz farklı bir davranış gösterdi. Çünkü babanın sözü daha kalıcı ve etkili olurdu.
Anne kalbi, baba aklı temsil ederdi. Eğitimde öncelikli olan ise akıldı.
Allah Resulü, kızına mutlu bir evliliğin temel prensiplerini veriyordu:
"Devamlı Allah'ı zikret.
Kendini temiz tut.
Kocan sana baktığı zaman senden memnun olsun, ferahlık duysun. Gözlerini sürmele.
Kocanın yanında sessiz ve ilgisiz durma. Onun hoşlandığı şekilde konuş ki, sana muhabbeti artsın.
Kocan sana bakarken gözlerini ondan ayırma. Böyle yaparsan sevgin fazla olur.
Güler yüzle onu takip edip, memnun etmene bir ay nafile oruç sevabı yazılır.
Kocanın hatalarını başkalarına söyleme. Eğer söylersen Allah

sana gazap eder. Sonra melekler, Peygamberler ve nihayet kocan sana gücenir."

Sevgili baba, önce kulluk boyutunu vurguluyordu. Allah'ı zikret. Fiziksel ve ruhsal bakımdan temiz ol. Sonra insan ilişkilerindeki çok ince püf noktaları sıralıyordu. Aslında baba diyordu ki eşinin seni sevmesini beklemekten ziyade, sen kendini ona sevdirmeye çalış.

O, çocuklarını çok seven bir babaydı...

O, çocuklarının eşlerinin de onları çok sevmesini isteyen bir babaydı (a.s.m.)...

O, çocuklarına Allah'ın dost, destekleyici anlamlarında olan Veli ismiyle gerçek dost ve destekleyici olan bir Babaydı (a.s.m.)...

Düğün yemeği

Hz. Ali, Fatıma'ya mehir için iki devesini verecek ve vermeden önce de develerle izhir otu toplayıp satacaktı.
İzhir otu güzel kokulu bir ottu. Asırları kokusuyla kuşatacak bir evliliğin ilk başında güzel kokulu bu otu toplayıp, satıp mehrini verecekti Hz. Ali. Lakin olmamıştı. Develer ölmüştü. Hz. Ali'nin evlilik için mehir hayalleri de başka şekilde gerçekleşmişti. Develerin ölümüne Peygamberimiz de üzülmüş, Hz. Ali'ye zırhını hatırlatmıştı. Satılan zırh hem mehir, hem de düğün yemeği için sarf edilmişti.
Peygamberimiz Fatıma'nın düğün yemeğini bizzat kendi eliyle yaptı. O güne kadar yapılmamış bir çeşit tatlıydı bu.
Yemek, hurma, tereyağı ve yoğurttan oluşuyordu. Peygamberimiz tereyağı ile hurmayı bir saate yakın yoğurdu. Bundan sonra süzme yoğurtla bu karışımı karıştırdı.
Hars dendi bu yemeğin ismine. Hars tarla sürme ve kültür anlamına gelmekteydi. Sanki bu yemekle, bu evliliğin ekini yapıldı, onun kültürü verildi.
Bu yemeğe tüm ashap davet edildi. Bu yemekten Hz. Fatıma'ya da ayrıldı ve odasına gönderildi.
Peygamberimiz eşlerine de birer kâse gönderdi ve yanlarına gelen herkese yedirmelerini tavsiye etti.
Herkes yedi. Yemek, bereketle katlandı.
Böyle bereketli nesiller meydana getirecek bir evliğin yemeğinde, böyle bir bereketin olması gerekirdi.
Peygamberimiz, düğün yemeğinin yapılması da dahil kızının düğününün her safhasında bulundu.
Belki babaların, bu niyetle kızlarının düğünlerinde yapacakları bu tatlı, Peygamberimize bağlığın bir sırrı olacak. Ona bağlılıkla başlayan bir evlilikte mutlulukla tatlı neticeler verecektir.

peygamberimiz nasıl bir babaydı?

Belki de bu davranış başka boyutlardan evlilik için dilenen rahmetin baba eliyle çalınması olacaktır. Belki de evlilik tarlasının hars yemeği ile sürülmesi olacaktır.

O, Allah'ın iyilik eden, nimet veren Hafi ismi ile kendi elleriyle çocukları için yemek yapan bir Babaydı (a.s.m.)...[8]

Fatıma'ya güzel kokular

Fatıma, gelin olacaktı. Evlilik hazırlıklarını yürütecek, organize edecek sevgili annesi öte âlemlerine çoktan yol almıştı.
Sevgili baba, kızına bu yokluğu hissettirmemek için eşlerinden en genci olan Hz. Aişe'den, ve olgun olduğu kadar becerikli olan Ümmü Seleme'den, Fatıma'nın evlilik hazırlıklarına yardım etmelerini istedi.
Hz. Aişe ile Ümmü Seleme, hazırlıklara hemen başladılar.
O tatlı heyecan dolu hazırlığı Hz. Aişe ile Hz. Ümmü Seleme şöyle anlatır:
"Peygamber bize Fatıma'yı evlilik için hazırlayıp Ali'ye teslim etmemizi emretti. İlk iş olarak gidip Batha tarafından getirilen yumuşak toprağı Ali'nin evinin tabanına yaydık.
Sonra iki tane yastık dikip içerisini hurma lifleriyle doldurduk.
Damatla gelin için hurma, kuru üzüm ve su kabı asılacak bir ağaç parçasını getirip odanın bir kenarına koyduk." [9]
Hz. Aişe ve Hz. Ümmü Seleme'nin evi gelin ve damat için hazır hale getirmeleri bu faaliyetle bitiyordu.
Birkaç saatte hazır olan bir evlilik...
Günler, haftalar, aylar sürmedi hazırlık. Bu mübarek yuva, birkaç saati içerisine alan bir hazırlıkla kuruldu. Ne yorgunluk vardı, ne israf, ne de borçlanma. Ne kaybolan zamanlar, ne çarşı pazar gezmeleri ile yıpranan ailenin ilk temelleri. Hiç biri yoktu...
Kolaylıkla başlayan ailede, Allah yaşamayı da kolay ediyordu. Ve öyle de oldu...
Sevgili baba, hiçbir ayrıntıyı göz ardı etmedi.
Buyurdu:
"Fatıma'ya güzel kokular alın. Zira o da diğer hemcinsleri gibi bir kadındır."[10]

peygamberimiz nasıl bir babaydı?

Mehir parasının bir kısmı da güzel koku için sarf edildi.
O, güllerinin güzel kokmasını isteyen bir babaydı...
O, Allah'ın pak ve temiz ismi olan Kuddüs ile çocuklarına yönelen bir Babaydı (a.s.m.)...

Babanın evlilik duası

Hz. Fatıma, baba evinden ayrılıyordu. Klasik anlatımla gelin gidiyordu.
Gelinin gönlünde hüzün tomurcukları belirdi...
Ayrılık buğusu oturdu gözlerine...
Kim bilir neler geçti gönül dünyasından. Öksüz yüreği, annesiz gelin olmakta neler hissetti?
Babacığından ayrılmak. Cebrail kokulu yuvadan gitmek... Mutlaka çok zor gelmişti genç geline...
Peygamberimiz veda eden geline dedi:
"Teması kesmeyelim bir diyeceğin olursa bana bildir."
Gönlüne serinlik vermişti sevgili baba. Bağlantı kesilmeyecekti.
Fatıma ile birlikte, ikinci annem dediği Ümmü Eymen'i de beraber gönderdi Peygamberimiz. Kendisinin de geleceğini söyledi.
Yeni eve alıştıracaktı gelini. Ayrılmadıklarını gösterecekti kızına.
Babayı beklemeye başladı genç evliler.
Peygamberimizi kapıda Ümmü Eymen karşıladı.
Peygamberimiz sordu:
"Bizim kardeş burada mı?"
Ümmü Eymen konuyu anlamadı ve dedi:
"Sizin kardeş kimdir ya Resulullah? Siz kızınızı ona vermediniz mi? Kardeşlik olur mu?"
Peygamberimiz:
"Olur" dediler.
Sonra Esma Bint-i Umeys'in olup olmadığını sordu.
O da oradaydı.
Peygamberimiz içeri gelerek dua eti:

"Allahümme barik fiyhima ve barik aleyhima ve barik lehüma fiy neslihima."

(Ya Rabbi onların kendilerine de bereket ver, nesillerine de bereket ver.)

Duanın ardından biraz su istedi insanlığın sevgilisi.

Bir anlatıma göre suyu leğene boşalttı, bir anlatıma göre ellerini yıkadı, bir anlatıma göre abdest aldı.

Sonra Hz. Ali'yi çağırdı iki omzuna ve göğsüne su serpti. Sonra Fatıma'yı çağırdı kollarına ve göğsüne su serpip buyurdu:

"Ey Fatıma, sen bu ailenin en iyi insanı ile evlendin."

O, çocuklarının her zaman yanında olan bir babaydı...

O, çocuklarının kalplerini Vasi ismiyle genişleten bir Babaydı (a.s.m.)...[11]

Babanın kıldırdığı evlilik namazı

Dünyayla birlikte ahireti de kapsayacak bir arkadaşlık başlamıştı Hz. Fatıma ile Hz. Ali arasında.
Arkadaştılar uzun bir yolda.
Dosttular, hayatın acısında, tatlısında...
Eştiler sevgiyi birbirine katmada, harmanlamada...
Evlenmişlerdi...
Tüm çocukları ayrılmıştı yuvadan. Sonunda Fatıma'sı da gelin olmuştu.
"En güzel gelin bizim gelinimiz" diyerek uğurladılar yuvadan.
Tekbirlerle yolcu ettiler yeni hayatına.
Peygamberimiz gündüzden tembih etmişti damada. Namazı kılmamalarını, kendisini beklemelerini... Genç eşler denileni yaptı.
Sevgili baba beklendi.
Babanın arkasında saf oldu, iki saf yürek...
Sevgiler, kalplerden arşa aktı.
Rahmet bu yeni yuvaya...
Saf oldu iki genç eş...
Peygamberimiz yeni evli gençleri arkasına aldı, Rabbine götürdü. Âlemlere Rahmetin huzurunda onlara rahmet diledi.
Dünya evine girerken önce ahiret yollarına varıldı.
Şahadet getirildi...
Saf oldu iki genç umut...
Söz verdiler Rablerinin huzurunda iki yürekle, O'na gideceklerine, bu yeni yuvayı O'nun mescidi yapacaklarına.
Söz verdiler iki rekat namazla, evliliklerinin O'nun adıyla olduğuna.
Saf oldu birbirine gönül bağlayan iki genç kişi...
"Allah u ekber" diyerek el bağladılar.

Melekler saf saftı, bu saf namazda.
Dua dua saf oldu iki kişi, dua olan bir namazda.
Sevgili baba arkasına aldığı yavrularını secde secde götürdü huzura.
El bağlandı...
Gönül bağlandı...
Ruhlar birbirine bağlandı bu namazla...
Bu iki rekatlık namazın, Hz. Fatıma'nın evliliği ile başladığı kabul edilir İslam tarihinde. Evlilikten önce, Rabb'e bağlılığın ilan edildiği bir namaz. İyyakenastagin ile O'ndan yeni hayat için yardım dilenen bir namaz...
O, çocuklarını O'na götüren bir babaydı.
O, yeni evli iki kalbi tutup kalplerin sevgilisine, kalplerin sahibine götüren bir babaydı...
O, çocuklarının kalbini Muhip isminin sahibine teslim eden bir Babaydı (a.s.m.)...[12]

Babanın tutturduğu eller

Evliliklerinin ilk günüydü.
Mahcubiyet buluştu iki genç gönülde.
Sevgi peygamberi kızını ve damadını karşısına aldı. Fatma'nın bakışları gür kirpiklerinin çevrelediği kâbe karası gözlerinden, yarı kaçamak bakışlarla buluştu babasıyla.
Peygamberimiz, yeni evlilere sevgiyi tutturmak istiyordu. Muhabbeti aktarmak istiyordu ruhlarına. Genç evlilerin ellerini, ellerine aldı ve ellerini birbirlerinin ellerine koydu. Birbirlerini ilk kez tutan bu eller, bu ilki babanın tutuşturmasıyla yaşadılar.
Peygamberimiz gönüllere aşkı tutuşturur gibi tutuşturdu elleri...
Kalplerine sevgiyi tutuşturur gibi tutuşturdu elleri...
Ellerle tutuşturdu birbirlerine muhabbeti, şefkati...
Elleri birbirine tuttururken sanki der gibiydi. Hep ellerinizden tutacağım. Bu elleri birbirinden ayırmayacağım. Âdeta görmek istediğini göstererek söyledi onlara. Sizleri hep el ele, yürek yüreğe göreceğim.
Peygamberimiz, genç evlilerin ellerini ellerine tutturduktan sonra, sevginin büyülü dünyasına takılan ellerin heyecanıyla kendini dinleyen damada döndü ve dedi:
"Fatma ne iyi bir eştir."
Sanki tutturduğu elleri sözlerle de pekiştiriyordu. Sonra babasının eline tutturduğu elin mahcubiyetine bürünen geline döndü ve dedi:
"Ali iyi bir kocadır."
Olmaları gerekenleri hatırlattı sanki sözleriyle.
İyi eş ve iyi koca...
Baba bu evlilikte mayayı yapan gibiydi. Evliliğin mükemmel

peygamberimiz nasıl bir babaydı?

olması için tüm şartları hazırladı. Evlilikte muhabbeti oluşturacak hiçbir ayrıntıyı atlamadı.

Evlilik gecesi ellerini ellerine koydu. O çocuklarının ellerinden tutan bir babaydı. Eşlerinden de öyle istedi. Eşlerinin ellerinden de ilk tutturan o oldu.

Babanın tutturduğu bu iki el, iki altın silsileyi vermişti.

Elbette babanın tutturduğu ellerden böyle bir rahmet doğacaktı.

O çocuklarının her an ve her şartta ellerinden tutan bir babaydı.

O çocuklarını Kayyum ismi ile daima tutan bir Babaydı (a.s.m.)...[13]

Gözyaşlarını silen baba

Ayrılık...
Dünya hayatının en acı verici duygusu...
Peygamberimiz bu duyguyu sık sık yaşadı.
Hz. Fatıma dışında bütün yavrularından tek tek ayrıldı...
Üç erkek, üç kız çocuğu kendinden ayrılıp ahiret ufuklarına yol aldı yaşamının içinde. Sevgili peygamberimiz sabırla uğurladı yavrularını bu ayrılıklarda. Gözyaşlarını akıttı şefkat yangınına. Ayrılıklarda coşup gelen rahmet damlalarıyla ferahladı...
Fatıma evleniyordu...
Ayrılık sırası bu kez Fatıma'daydı.
Ayrılık hüznü, onun yüreğine düşmüştü. Ayrılık bulutları, onun gözlerinden rahmet olup akıyordu.
Ayrılığa düşüyordu gözyaşları Fatıma'nın.
Babasının evinden ayrılmıştı. Yıllarca yaşadığı evden... Dünyayı ilk görüp, ilk tanıdığı evden... Kâinatın kalbi olan bir evden...
Ağlıyordu Fatıma...
Damla damla akıyordu ayrılık üstüne gözyaşları... Hasret şimdiden çöreklenmişti içine.
Sevgili babadan ayrılık, çok zor gelmişti ona.
Her genç gelin gibi evden ayrılışın hüznünü yaşıyordu Fatıma.
Ağlıyordu...
Peygamberimiz Fatıma'nın evine geldiler, onu bu halde görünce sordular.
"Kızım niçin böyle ağlarsın?"
Fatıma'nın cevabını beklemeden devam etti sevgili baba.
"Ben seni öyle bir kimseye verdim ki, o, ilm ü hilm bakımından en ileri gelendir ve fazilet noktasından İslamın ilk şahsiyetidir."

peygamberimiz nasıl bir babaydı?

Ümmetinin Sevgilisi, ağlayan yeni gelini, eşinin vasıflarıyla teselli ediyor, üzüntüyü gerektirecek bir durum olmadığını anlatıyordu ona.

O Allah'ın Basıt ismiyle çocuklarının gönlünü açan, genişleten bir Babaydı...

O, çocuklarının gözyaşlarını silen, onlara teselli veren bir Babaydı (a.s.m.)...[14]

Gelini ziyaret

Gelindi o...
Yani gelen.
Gelindi o...
Evinden giden, yeni bir eve gelen...
Tomurcuk, dalından kopmuştu. Ayrılık şebnemleri düşmüştü yüreklere.
Her gelin gibiydi O da. Baba ocağına özlemle bakan bir duruşu vardı yeni evinde. Hasret duyan bir yürekle bakıyordu oraya.
Bekliyordu...
Hasreti kaldıracak bir adım, bir bakış, bir ziyaret bekliyordu...
Kim gelecekti? İlk vuslat muştusunu kim, ne zaman ulaştıracaktı?
Güller evine kapıyı ilk kim aralayacaktı? Baba evi ile görüşmeleri ilk kim başlatacaktı? Kapılarını ilk kim tıklatacaktı?
Vuslatın meltemi dördüncü gün esti yeni yuvada. Dördüncü günün kuşluk vakti çalındı gönül kapıları ile birlikte evlerinin kapısı.
Sevinçle hasretin, mahcubiyetle heyecanın tatlı esintileri sardı genç evlileri. Saygı ile oturdular sevgili babanın huzurunda.
Sevgili baba, geline ilk gelendi...
Hâl ve hatırlarını ilk sorandı...
O, Rabb'i tarafından edeplendirmiş bir babaydı.
Onun edep anlayışı, anlamsız taassupların gelenek maskelerinden çok uzaktı.
O, Rabb'inin edep penceresinden bakan bir babaydı. Bu nedenle anlamı olmayan edep takıntılarından uzak, kızını evliliğinin dördüncü günü ziyaret etti.
Peygamber sünneti anlayışı içerisinde, bu peygamber davranışını, acaba şimdiye dek kaç baba yapabildi?
O, yavrusunu hiçbir durumda yalnız bırakmayan Muhit ismiyle her zaman kuşatan bir Babaydı (a.s.m.)...[15]

Kendinize bir ev bulun

Hz. Ali ile Fatıma'nın nikâhları yapılmıştı. Peygamberimiz Hz. Ali'ye dedi:
"Kendiniz için bir ev edin."
Hz. Ali, Peygamberimizin evine yakın bir ev buldu.
Peygamberimiz düğün sonrası kızının evine gitti.
Fatıma'ya dedi ki:
"İsterim ki seni kendime daha yakın bir yerde göreyim."
Hz. Fatıma da düşüncesini söyledi:
"Haris İbn-i Numan'a buyursanız da o kendi evini bize verse."
Peygamberimiz, Numan'a böyle bir teklifte bulunamayacağını söyledi.

Fakat Numan, Hz. Fatıma'nın isteğini duymuştu. Babasına daha yakın olan evini Hz. Fatıma'ya vermek üzere Peygamberin huzuruna koştu:
"Ey Allah'ın Resulü duydum ki kızınız sizin eve yakın bir evde oturmak ister. Benim bütün evlerim elbette ki sizin emrinizdedir. Canım ve malım size feda olsun."

Peygamberimiz de bu fedakar dostuna dua ile ikram ettiler:
"Allah sana bereket ihsan eyleye. Rahmetini indire."
Hz. Fatıma daha sonra babasına çok yakın olan bu eve taşındı.
Peygamberimiz kızını en yakınında oturtmak istedi.

Aslında Hz. Fatıma'nın ilk evi de yakındı. Fakat Peygamberimiz, Hz. Fatıma'nın evini evinden bakınca görmek istiyordu.

Daha sonraları evlenen kızları, ailelerinden uzak oturtmak gelenek haline geldi. Evliliğin hemen ardından ailesinden uzakta yaşamaya zorlanan genç kızlar, hırçınlaşıp, yeni hayatlarına adapte olmakta zorlandı.

Peygamberimiz, kızını yakınında oturtmak isterken genç kızın psikolojisini de göz önünde bulunduruyordu.

kendinize bir ev bulun

Fatıma'sının evi, Peygamberimize çok yakındı. Öyle ki evinden baktığı zaman evini görecek, pencereden pencereye konuşacak kadar...

O, çocuklarına çok yakın olan bir babaydı...

O, her şeye çok yakın olan Allah'ın Karîb ismiyle çocuklarına yakın olan ve onların da kendisine yakın olmasını isteyen bir Babaydı (a.s.m.)... [16]

Melekler düğüne katılır mı?

Ümmü Eymen... Peygamberimizin annem dediği siyahi kadın.
Gözlerinden inciler saçarak geldi peygamberimizin yanına. Ağlıyordu...
İnce ince akıyordu gözyaşları hicranına.
Peygamberimiz sevgili annesine sordu:
"Ey Annem! Niçin ağlıyorsun?"
Ümmü Eymen'in gözyaşları, her ananın analık duygusundandı. Çocuklarının hayatını başkasıyla kıyaslayıp hayıflanmaları cinsindendi.
Gözyaşlarını silerek cevapladı kendini ağlatan hicranı:
"Ey Allah'ın Resulü, ensardan birinin kızının düğüne gittim. Kız evden çıkarken başından badem ve şeker saçtılar. Fatıma evlenirken böyle bir şey olmadı!"
Analık duyguları coşan Ümmü Eymen'i, peygamberimiz bu düğünlerin başka boyuttaki yansımasını anlatarak teselli etti.
"Ağlama ey Ümmü Eymen! Bu düğün benim isteğimle olmadı. Allah onları evlendirdi. Bu evliliğe Allah razı oldu. Allah meleklerine arşı kuşatmalarını, düğün hazırlıklarının yapılmasını emretti. Nikahı arşta Allah kıydı. Evliler üzerine inci, mercan, yakutlar döküldü.
Cennette Fatıma'nın evliliği için ziyafetler hazırlandı. Cehennem kapıları kapatıldı."
Manevi alemlerde kutlanan Fatıma'nın düğününü duymak, Ümmü Eymen'in siyahi teninin üstünden yuvarlanan beyaz incilerini dindirdi.
Düğünlerin yalnız burada kutlandığı sanılır. Belki de her düğünün Hz. Fatıma'nın düğünü gibi o boyutta bir yansıması vardır. Olumlu, ya da olumsuz... Belki de düğünlerimizin şekli, me-

leklerin düğünlerimize katılıp katılmamasını netice vermektedir. Ya da o alemlerde kutlanıp, kutlanmamasını...

O, çocuklarına, melekleri iştirak ettirecek mahiyette düğün yapan bir Babaydı (a.s.m.)...

O (a.s.m.), Allah'ın Rakib ismiyle gizlilikleri ve sırları bilen bir Babaydı...[17]

En güzel çiftler

Peygamberimizin ikinci kızıydı. Çok güzeldi. Hz. Osman'la evlenmişti. Bu çifti birlikte görenler eşlerin en güzeli Osman ve Rukiye demekten kendilerini alamazlardı.

Çileli bir hayat başlamıştı bu genç evliler için. Habeşistan yollarına
düşmüşlerdi. Hiç bilmedikleri yerler... Gariplik ve kimsesizlik... Bir de yoksulluk eklenince...

Yabancı diyarlardaki çileli hayatın bir başka yanını da Rukiye'nin güzelliği oluşturuyordu. Peygamberin inci tanesi güzel kızı, bir de Habeş kadınlarının, güzelliğinden dolayı ona duydukları kıskançlıklarıyla uğraşıyordu. Habeş kadınları ona eziyet ediyorlardı.

Sonunda dönüp geldiler vatanları olan Mekke'ye. Peygamberimiz Zeyd b. Sabit ile bu güzel aileye bir tabak et gönderdi.

Peygamberimiz, Zeyd döndükten sonra ona, kızı ile damadını görüp görmediğini sordu.

Zeyd "evet" dedi. Peygamberimiz sordu:
"Onlardan daha güzel bir çift gördün mü?"
"Hayır" dedi Zeyd.
Zeyd, onların güzelliğine hayran kalmıştı.
Zeyd, sevgili babaya dedi:
"Bir Osman'a, bir Rukiye'ye baktım. Ben onlardan daha güzel bir çift görmedim."(Mekke dönemi olduğu için henüz tesettür emri yok.)

Peygamberimiz çocuklarını çok seviyordu. Onların güzel bir çift olmasından, birbirlerine denk olmasından mutlu oluyordu. Kendisinin gördüğü bu güzelliğin, başkaları tarafından da fark edilip edilmediğini anlamak istiyordu.

O bir babaydı...

O, çocuklarına Cemil ismiyle yönelen bir Babaydı (a.s.m.)...[18]

Hanginiz daha yorgun?

Hz. Ali ile Hz. Fatıma evlerinde un öğütüyorlardı. Elleri kabarmış, yanakları kızarmıştı. Sabır alınlarında tomur tomur ter olmuştu...
Birden kapı çaldı. Gelen alemlere rahmet bir babaydı.
Rahmetle geldi.
Sevgiyle geldi.
Onlara gülümseyerek baktı. Eşitliğe her yerde dikkat eden Allah Resulü sordu:
"Hanginiz daha yorgunsunuz?"
Belliydi biri daha çok yorgun. Birinin daha çok kabarmıştı elleri yüreği gibi. Yine de sordu kimin daha yorgun olduğunu.
Yorgun beden "ben" demedi, diyemedi. Benliği sevmeyen kişiydi o. Başkasına nefsini tercih edendi. Ailede fedakarlık dersini babasından ve anasından alan kişiydi. "Ben" diyemedi.
Onun yerine eşi Hz. Ali hemen Allah Resulüne diğer bir fedakarlık örneği ile:
"Fatıma daha yorgun ey Allah'ın Resulü" dedi.
Peygamberimiz gülüne gülümseyerek baktı:
"Kalk kızım!" dedi.
Fatıma'sı kalktı.
Fatıma'nın yerine kâinatın efendisi oturdu. Onun yerine değirmeni döndürmeye başladı.
Tüm kâinat, Onun için dönüyordu.
Tüm sistemler, Onun için dönüyordu.
Varlık alemlerindeki tüm varlıklar Onun için dönerken, O, Fatıma'sı için döndürdü değirmeni tüm evren gibi...
Tüm sistemler yavrusunun değirmeni için döndü. Tüm kâinat değirmen gibi döndü Fatıma'sının değirmeni ile.
O çocuklarının etrafında dönen bir babaydı.
O, Allah'ın yardım eden anlamındaki Mugis ismiyle çocuklarına yardım eden, imdada yetişen bir Babaydı (a.s.m.)...[19]

Damada teşekkür

Mekke müşrikleri, Allah Resulüne her türlü kötülüğü düşünüyorlardı. Onu üzecek her türlü insanlık dışı davranışları yapıyorlardı.

Bunlardan birisi de, sevgili peygamberimizin kızlarını eşlerinden ayırmak oldu.

İki nişanlı kızını ayırmışlardı peygamberi üzmek için. Büyük kızı Zeynep'i de ayırmak için de kocası Ebu'l- As'a çok telkinde bulundular. Müslüman olmayan Ebu'l-As müşriklerin bu isteklerini reddetti. Eşinden ayrılmadı.

Eşinin kalbini rencide etmedi.

Zeynep'inden ayrılmayı kabul etmedi. Kalbi İslam nuruna kapalıydı, ama Zeynep'in sevgisiyle dopdoluydu.

Ayrılmadı...

Ayrılamadı...

Kendisini sıkıştıran müşriklere, "ayrılamam" dedi.

Sadakatini gösterdi Ebu'l- As.

Bu tüm baskılara ve zorlamalara rağmen kopmayan sevgi bağlılığı, sevgi peygamberini sevindirdi.

Damadına teşekkür etti.

Belki de, Ebu'l-As'ın, Peygamberimizi rencide etmeyen bu davranışı, onun kalbini hoşnut edişi, onun teşekkürüne, memnuniyetine mahzar oluşu, kendisinin de kalbinin iman nuruna açılmasına vesile oldu.

Ebu'l-As, Zeynep'ten ayrılmamıştı. Bu kutsi akrabalıktan kopmamıştı.

Allah da kendinden koparmadı Ebu'l-As'ı.

İman nurundan ayırmadı. Ebedi saadetten koparmadı.

Eşi sevmenin mükafatını, iman olarak verdi Ebu'l-As'a...

O, Şekur ismi ile kızını memnun eden damada teşekkür eden bir Babaydı (a.s.m.)...[20]

Kızıyla haberleşme

Peygamberimiz, Mekke'ye hicret ederken kızı Zeynep geride kalanlardandı. Evli olan Zeynep'in eşi henüz Müslüman olmamıştı. Zeynep'i çok seven eşi onun Medine'ye babasının yanına gitmesine izin vermişti. Fakat bu kaçış, o esnada hamile olan Zeynep'in müşrikler tarafından yakalanıp, devesinden düşürülerek çocuğunu kaybetmesiyle neticelenmişti.

Zeynep, tekrar Mekke'ye, müşriklerin arasına dönmek zorunda kalmıştı.

Bunalıyordu, üzülüyordu. Her gün hasretle yatıp, hasretle kalkıyordu. Mekke, daraldıkça daralıyordu ona. Mekke'nin dağları, ilmek olmuş sıkıyordu boğazını. Bu yerlerden, bu müşriklerden nasıl kurtulup, çölü nasıl aşıp, babacığına nasıl ulaşacağını düşünüyordu her gün. Medine düşleri görüyordu...

Medine'de onu düşünen sevgili baba, kızı Zeynep'in çaresiz çırpınışlarını, kanadı kırık bir kuş gibi uçuş denemeleri yaptığını biliyordu. Sadık dostu Zeyd'e dedi:

"Mekke'ye gidip Zeynep'i getirir misin?"

"Evet" dedi düşünmeden Zeyd.

O günlerde Mekke'ye gider misin demek ölüme gider misin demekti.

"Evet!" dedi sadık Zeyd.

Peygamberimiz parmağından yüzüğünü çıkararak Zeyd'e verdi.

" Bunu Zeynep'e ver" dedi.

Zeyd, çöllere vurdu kendini. Sevgili peygamberinin yüzüğü sırdaş bir parola gibiydi.

Mekke yakınındaydı.

Bekledi. Bir çoban gördü. Çobana kimin çobanı olduğunu sordu.

Çoban:

"Ebu'l-As" dedi. Yani Zeynep'in kocasının... Güzel bir fırsattı.
Zeyd çobana dedi:

"Sana bir şey versem onu kimseye söylemeden Zeynep'e verir misin?"

"Evet" dedi vefalı çoban.

Zeyd, yüzüğü çobana verdi. Çoban, yüzüğü kimse görmeden Zeynep'e ulaştırdı.

Zeynep, sevgili babasının yüzüğünü hemen tanıdı. Çobana sordu:

"Bunu sana kim verdi?"

Çoban yüzüğü aldığı kişiyi tarif etti. Zeynep:

"O şimdi nerede?" diye sordu.

Yerini öğrenmişti Zeynep. Hemen oraya ulaştı. Zeyd'in devesine binerek Medine yollarına düştü.

Sevgili babanın planı, Zeynep'ini müşriklerden kurtarmıştı. Medine artık çok yakındı.

Sevgili babasına gidiyordu. Yüreğindeki hasret gibiydi sıcak çöl yoları. Tozlu, dumanlı, sararmış çöl yolları adım adımdı önlerinde...

O, çocuklarını gözleyen bir babaydı...

O, çocuklarını, Allah'ın Zahir ismiyle gözeten bir Babaydı (a.s.m.)...[21]

Altı yıllık ayrılık

Evliliğinin ilk goncasıydı. Hatice'siyle kendisinin ilk göz ağrısıydı. İlk yavrularıydı Zeynep.
Teyzesinin oğlu ile evlenmişti. Birbirlerini çok seviyorlardı. Ama İslam güneşi Zeynep'in eşinin kalbine düşmemişti. Babası hicret etmiş, Zeynep'e ayrılık acısı düşmüştü. Bir süre sonra, babanın himmetiyle Zeynep de Medine'ye hicret etti.
Bu defa da başka bir ayrılık düştü ona. Eşi Ebu'l As'tan ayrılık.
Tam altı yıl sürdü bu ayrılık.
Altı yıl sevgiye hasret yaşadı Zeynep.
Altı yıl ayrılığın çölünü ruhunda yaşadı.
Altı yıl visalin meltemini bekledi.
Hasretle, özlemle, duayla geçirdi altı yılı. Altı yıl Mekke'den gelecek bir yolcuyu bekledi. Onun kalbine inecek İslam nurunu istedi Rabb'inden.
Altı yıl eşinden ayrı olan kızının sıkıntısını çekti sevgili baba.
Onun acısına şahit oldu.
Onun özleyişlerine teselli.
Altı yıl Zeynep babasının yanında kaldı.
Ebu'l As'ın gönlüne, altı sabır dolu yılın sonunda düştü İslam'ın nuru.
Ebu'l As çok sevdiği eşi Zeynep için Medine'ye koştu.
Birbirinin ayrılığına dayanamayan genç çiftler mutlu olmuşlardı. Zeynep o gün sarılı elbiseler giyerek mutluluğunu gösterdi etrafa.
Sevgili baba, kızını eşine vererek onların mutluluklarını sağlamıştı.
O çocuklarını, Rabbinin Vaki ismiyle kötülüklerden koruyan bir Babaydı (a.s.m.)...[22]

Toprağa düşen tomurcuklar

Sevgili yavrusu hastaydı. İkinci çiçeği sararıp solmuş, yataklara düşmüştü.
Mekke müşrikleri Onu Bedir'de bekliyordu.
Yavrusunu bırakarak yol aldı Bedir'e. Belki bir daha görmeyecekti dünya gözüyle. Çocuklarına çok önem veren baba, bu önemli savaşa damadı Hz. Osman'ın gitmesine izin vermedi. Onu hasta eşinin yanında bıraktı.
En çok ihtiyacı olduğu anda eşleri birbirinden ayırmadı.
Hz. Osman'a Bedir'e katılmayıp Rukiye'nin hastalığı ile ilgilenmesini söyledi. Bu fedakârlığından dolayı, Bedir'e katılanların sevabının ve ganimet payının aynen ona da verileceğini müjdeledi.[23]
Bedir'de yardım melekleri inerken Müslümanların imdadına, Medine'de başka melekler kuşattı Rukiye'yi.
Peygamberimiz Bedir'den zaferle döndü. Ama Rukiye vefat etmişti...
İkinci tomurcuğu, yirmi bir yaşında cennet bahçelerinde açmak için düşmüştü toprağa...
Tüm kadınlar ağlıyordu.
Yine hasret örülmüştü kaderden. Yine ayrılık girmişti araya. Yine kadere boyun eğerek rıza mertebelerinde dolaşmak düşmüştü babaya.
Hz. Ömer, ağlayan kadınlara kızınca peygamberimiz, dillerin ve ellerin karışmaması şartıyla kadınların ağlayabileceklerini söyledi.
Gözler konuşabilirdi gözyaşlarıyla. Çünkü onlar kalplerin sesini duyururdu. Acıları dışarı taşırdı.
Peygamberimiz, hasretiyle buluşmak için sevgili kızının kabrine gitti. Küçük tomurcuğu Fatıma'sı da yanındaydı.

altı yıllık ayrılık

Kalpler hüzünlenince gözler ağlardı...
Küçük yavrusunun, ablasının ölümüne ağlaması sevgili babanın şefkatini daha da celb etti. Kendi gözyaşlarını unutarak hırkasının ucuyla sildi Fatıma'sının gözyaşlarını.
Sevgili babadan teşekkür gitti sevgililer sevgilisine. Küfrün dışında her şeye şükreden sevgili peygamberimiz, yavrusunun ölümünde de şükredecek güzelliği görmüştü. Şükürle çaldı Mümit'in kapısını:
"Hamd olsun o Allah'a ki, kızları, şerefli olarak defnettirdi."
O, çocukları öldüğünde, Yaratıcının Mümit ismiyle ölümdeki güzelliği gören bir Babaydı (a.s.m.)...

Kabir yolculuğunda da baba

En büyük kızıydı.
İlk çiçeği. İlk kucağına aldığı yavruydu. Ona, ilk defa "baba" diyendi.
Daha otuzlarındaydı ayrılırken bu dünyadan. Hüzün dolu, çile dolu bu dünyayı bırakıp ötelere yol aldı...
Peygamberimiz kızının vefatına son derece üzülmüştü.
Babanın üzüntüsü, yanındaki dostları, konuşma cesaretinden alıkoyuyordu.
Sevgi tomurcuğu koparılmıştı bağrından...
Üzgündü Allah Resulü...
Üzgündü herkes onunla birlikte.
Hüzün suskun eylemişti herkesi...
Ölen hanımları beka için hazırlayan Atiye Hanım, geldi Peygamberimizin yanına.
Peygamberimiz bir kez daha nasıl yıkanması gerektiğini anlattı bu hanıma. Sonra belindeki kuşağı verdi kefen yapmaları için.
Sanki kızına bağlılığını gösteriyordu.
Onunla bağı vardı. Ona, kanla, canla, yürekten bağlıydı.
Zeynep, altı yıl beklediği eşine daha bir yıl önce kavuşmuştu. Bu mutlu kavuşma çok uzun sürmedi. Zeynep'inin mutluluğunu bir yıl hissedebilmişti sevgili baba.
Bir yıl sonra yolcu etti Peygamberimiz, ilk goncası sevgili Zeynep'ini...
Peygamberimizin sevgili goncaları kısacık ömürlerinde çok çileli hayatlar yaşadılar.
Peygamberimiz yavrularının hem hayattaki sıkıntılarıyla, hem de onların genç yaşta ölümleriyle üzüldü.
Kabrin başına varılmıştı. Sessizlik üzüntüye tercüman olu-

kabir yolculuğunda da baba

yordu. Peygamberimiz kabrin hazır hale getirilmesini dikkatle takip etti.

Namazını kıldırdı...

Zeynep'i bu yolculuğunda yalnız bırakmadı.

Onu kabrine Zeynep'in eşi ile birlikte indirdi.

Peygamberimiz, kızının kabrinin içinde bir müddet üzüntülü ve düşünceli bir şekilde durdu.

Sonra sevinç içinde çıktı kabirden. Kendisini merakla takip eden dostlarına dedi ki:

"Zeynep'in zayıflığını düşünüp onun kabir sıkıntısı ve hararetini hafifletmesi için Allah'a yalvardım. O da bu isteğimi kabul buyurdu!"

O, yavrularını hiç yalnız bırakmadı.

Çocuklarının her an yanlarındaydı. Kabir yolculuğunun her safhasında da çocuklarını takip etti.

Sabreden bir babaydı...

O, çocuklarının ölümlerine Sabir ismiyle bakan bir Babaydı (a.s.m.)... [24]

Damada ceza

Bir bir düşüyorlardı tomurcukları toprağa...
Üçüncü tomurcuğuydu bu giden...
İlk iki ablası gibi o da otuzlu yaşlara ulaşmadan yüz çevirdi dünyadan...
Sevgili baba, toprağa düşen tomurcuğunun kabrinin başında oturdu. Veda anıydı... Hüzünlüydü...
Gözleri de yüreği gibi dolu doluydu. Ağlıyordu... Rahmet damlaları düşüyordu toprağa... Tomurcuğuna cennet bahçelerinde boy verdirecek rahmet yağmurları akıyordu gözlerinden... Bir yıl ara ile iki yürek çiçeğinin ölümünün yürek yakan ıstırabını yaşıyordu sevgili baba.
Kalbi şefkat deryalarında, Rahim'in kapısındaydı.
Kimse konuşmaya cesaret edemiyordu...
Herkes suskundu.
Herkes, sevgili Peygamberinin yürek sızına ortak olabilmek yarışındaydı.
Sevgili tomurcuğu kabrine kim indirecekti?
Tüm dostları bekliyordu.
Gözler Gülsüm'ün eşi Hz. Osman'daydı.
Peygamberimiz dostlarına seslendi:
"Bu gece kim günah işlemedi?" (Yani eşiyle olmadı.)
Hz. Talha, Peygamberinin ne demek istediğini anlamıştı. Hemen cevap verdi:
"Ey Allah'ın Resulü! Ben varım."
Peygamberimiz:
"Öyle ise kabre in!" buyurdu.
Hz. Talha'nın yardımı ile kızı Gülsüm'ü peygamberimiz ötelere yol almak için kabrine yerleştirdi.
Hz. Osman'ı, eşini kabre koydurmamakla cezalandırmıştı.

Çünkü Gülsüm'ün vefat ettiği gece Hz. Osman eşinin yanında olmamıştı... Peygamberimiz, eşin bu ilgisizliğine çok üzülmüş, tepkisini onu cenazeden uzak tutarak belirtmişti.

O, çok vefalı bir babaydı.

Çocuklarının eşlerinden de vefa bekleyen bir Babaydı (a.s.m.)...[25]

Çocuklar hastalanınca

Hz. Hasan ve Hz. Hüseyin henüz çok küçüktüler. Bu sevgili yavrular hastalanmışlardı. Onların hastalığı genç anne ve babayı çok üzmüştü. Çocuklarının iyileşmesi halinde üç gün oruç tutmayı adadılar.

Sevimli çocuklar şifa bulunca, anne ile baba da oruca niyet etti.

Akşam olmuştu.

Medine ufukları güneşin bıraktığı son kızıllığın büyülü çarşafıyla örtünmüştü.

İftar vaktiydi...

Tam bu sırada, kapıda boynu bükük bir yetim beliriverdi. Hz. Ali ve Hz. Fatıma sahipsiz yetime, sahip olduğu tüm yemeklerini verdiler. Kendileri su ile iftar ettiler.

Orucun ikinci günüydü.

Güneş ışığını toplayarak gecenin koynuna sürüklemişti kendini.

İftar vaktiydi...

Yine kapıda birisi vardı. Gelen yokluğa bürünmüş bir fakirdi. Kendileri yemeyip yine başkasına yedirdiler.

Orucun üçüncü günüydü.

Medine alaca karanlığın gizemiyle tüllenmişti.

İftar vaktiydi...

Üç gündür iftar etmeyen oruçlular için bayram vaktiydi. Kapıda yine birisi vardı. Gelen bir esirdi. Nefislerini esir ettiler kapıdaki esire. Yemeklerini ona verdiler.

Hz. Ali ile eşi Hz. Fatıma üç gündür su ile iftar etmişlerdi.

Üç gün yemek yememek onları güçsüz bırakmıştı. Dördüncü gün sevimli yavruları Hasan ve Hüseyin'i de alıp Peygamberimizin huzuruna gittiler.

Kainat gülü tomurcuklarına baktı. Yüzleri solmuş, renkleri sararmıştı. Peygamberimiz yavrularına,

"Bu hal nedir?" diye sordu.

Hz. Ali başlarından geçen hadiseyi anlattı.

Kâinat Gülünün tomurcukları, kendi tomurcukları için sararıp solmuş, yaprak yaprak dökülmüşlerdi. Babanın şefkatini çekti bu durum.

Şefkat kaynağı Rabbimizin de...

Hemen Cebrail'ini gönderdi ve şu ayetleri vahiy etti bu durum için:

"İyiler, şüphesiz güzel kokulu ve serin kafur dolu bir kadehten içerler. O pınardır ki, ancak ondan Allah'ın veli kulları içer. Onu nereye isterlerse peşlerinden akıtırlar, fışkırtırlar. Onlar adaklarını yerine getirirler. Şerri yaygın olan günden korkarlar. Yemeğe olan sevgi ve iştahlarına rağmen fakiri, yetimi, esiri doyururlar. Biz size ancak Allah rızası için yediriyoruz. Sizden ne bir karşılık, ne de bir teşekkür istemeyiz. Çünkü biz Rabbimizden ve yüzlerin ekşiyeceği o çetin günden korkarız derler."[26]

Vahyi alan Peygamberimiz Allah'ın onlar hakkındaki müjdesini müjdeledi.

Çocuklar için başlayan bir oruç, Allah'ın rahmetine kavuşturmuştu onları. Nefislerini başka nefislere tercih etmek onları, Allah tarafından tercih edilmeye ulaştırmıştı.

Sararmış yüzlerde mutluluk pembe gül olup açtı.

Şükür tespih olup döküldü dudaklarından.

Rahmete yol aldılar...

Rahmetle doydular.

O çocuklarını, Allah'ın müjdeleyen Beşir ismiyle O'nun bildirdikleri ile müjdeleyen bir Babaydı (a.s.m.)...[27]

Erkeklerle iddialaşma

Dostları, güneşin etrafında yıldız yıldız oturuyorlardı. Varlığın ruhuna takılmıştı ruhları. Onu dinliyorlardı.
Mutlulukları asra isim olmuştu.
Asr-ı Saadet...
Yıldızlarına sordu Güneş:
"Kadın için en hayırlı olan nedir?"
Cevap bulunamadı.
Pek çok şey olabilirdi. Ama en hayırlısı ne idi? Hz. Ali bu cevabın kimde olacağını bilerek hemen eşine koştu, soruyu Hz. Fatıma'ya sordu. Aldığı cevabı hemen peygamber ve dostlarına ulaştırdı.
"Erkeklerle iddialaşmama."
Peygamberimiz, Hz.Ali'ye cevabın kaynağını sordu.
"Fatıma" dedi Hz. Ali.
Cevap o kadar güzeldi ki. Kadını dünya ve ahirette mutlu edecek formülü içermekteydi.
Peygamberimiz, yüzünde güllere benzeyen bir tebessüm ile dedi:[28]
"Fatıma, benden bir parçadır. Onu üzen beni üzmüş olur, onu sevindiren beni sevindirmiş olur."[29]
Sevgili kızına bir başka defa da "benim ruhumdur" buyurmuşlardır.
Nitekim onu sevindirmek Peygamberi sevindirmek olduğunu bilen Hz. Dıhye, Fatıma'nın çocuklarını avuturdu.
O, çocuklarını sevdiği kadar, takdir de eden bir babaydı. Çocuklarını çevrenin de sevmesini isteyen bir babaydı. Çocuklarının üzülmesi ile üzülen bir babaydı. Başkalarının onları üzmesini kendisini üzme olarak niteleyen bir babaydı.
O, çocuklarını kendisinin bir parçası olarak gören bir Baba idi (a.s.m.)...

erkeklerle iddialaşma

O, Latif ismiyle çocuklarına yumuşak davranan, çocuklarına eşlerine de yumuşak davranmalarını tavsiye eden bir Babaydı (a.s.m.)...

Melekler ne yer?

Resulullah'ın kapısı çalınmıştı.
Sevgili peygamberimiz kapı çalmasından kimin geldiğini anladı. Yanında bulunan Ümm ü Eymen'e:
"Bu Fatıma'nın kapı çalışı, o bu saatlerde gelmez, bir şey mi oldu?" diye endişesini belirtti.
Ümmü Eymen kapıyı açtı. Hakikaten gelen Fatıma'ydı.
Hz. Ali, mali sıkıntılar içerisindeydi. Fatıma'ya babasına gidip yardım istemesini tavsiye etmişti.
Fatıma, niçin geldiğini açıkça söylemedi babasına.
Konuşma sırasında dedi ki:
"Meleklerin yiyeceği tehlil, tespih, tahmiddir. Ya biz insanların yiyeceği nedir?"
Peygamberimiz Fatıma'sının geliş nedenini anlamıştı, dedi ki can paresine:
"Muhammed'in evinde otuz gündür yemek için ateş yanmamıştır. Bize bazı keçiler getirildi istersen beş tanesini sana vereyim, istersen Cebrail'in bana öğrettiği beş kelimeyi öğreteyim?" dedi.
Sevgili Peygamberimiz, kızına dünya mı, ahiret mi istersin demişti?
Belki de Fatıma'sı günlerdir açtı çoluk çocuğuyla. Tereddütsüz beş kelimeyi tercih etti Fatıma.
"Ey evvellerin evveli, ey ahirlerin ahiri! Ey sahipsizlerin sahibi! Ey miskinlerin merhamet edicisi ve ey merhametlilerin en merhametlisi."
Fatıma, babasının yanından ayrıldı. Kendisini bekleyen eşine dedi:
"Buradan dünyayı istemeye gitmiştim. Ancak sana ahireti getirdim."

erkeklerle iddialaşma

Çocuklarının yüzünü fenadan bekaya çeviren bir babanın kızı, başka neyi tercih edebilirdi ki... O çocuklarını hiç dünyaya meylettirmedi...

O çocuklarını kapı çalışından tanıyan bir babaydı. O yavrularına asıl kapıyı çalmasını öğreten bir babaydı.

O çocuklarının isteklerini Kadiyü'l Hacata takdim ettiren bir Babaydı (a.s.m.)...[30]

Babanın yarasını yıkadı

Etraf sararmıştı.
Toz bulutları sarmıştı ufku.
"Resulullah öldü!" feryatları Medine sokaklarına kor gibi düşmüştü...
Dünya kararmış, gözler görmez olmuştu. Yerinden fırlayan kalpler yollara dökülmüştü...
Medineli kadınlar Uhud'a koşuyordu.
Onların en önündeydi sevgili peygamberin kızı Fatıma'tü-l Zehra'sı. Soluk soluğa koşuyor, koşuyordu...
Nefesler zor alınırken, dualar gidiyordu Rahmana.
Can pazarıydı Uhud. Ama kimsenin umurunda değildi. Can sevgilisini arıyordu, herkes onu soruyordu.
Fatıma, babasını bulmakta zorlanmadı, onu tanımakta da. Üstü başı toz toprak içerisindeydi Resul'ün. Güneş, toprağa düşmüştü sanki. Yüzünden kan kırmızısı güller gibi kanlar damlıyordu.
Panik yapmadı Fatıma. Peygamber kızına yaraşır şekilde yapılması gerekeni yaptı hemen. Çünkü babası ona, olayları metanetle karşılamayı, bağırıp çağırmamayı, yıkılıp düşmemeyi öğretmişti.
Öyle de yaptı sevgili kızı.
Yanı başında Hz. Ali vardı.
Hz. Fatıma, hemen yıkadı babasının yüzünü. Hz. Ali de su döküyordu. Kan durmuyordu. Yerden hasır parçasını alıp tutuşturdu. Hasırın yanan parçacıklarını kanayan yaranın üzerine bastı.
Kan durmuştu.
Uhud, Fatıma'nın kalbiydi.
Uhud, Fatıma'nın paniksiz sabrıydı.
Uhud'da kanı, Fatıma durdurmuştu...

babanın yarasını yıkadı

O, çocuklarının her an, her türlü dert ve sıkıntısında yanlarında olmuştu. Çocukları da her zaman onun yanında oldu.

O, çocuklarına hiç vefasızlık etmedi. Çocukları da vefasızlığı öğrenmedi.

O, çocuklarını hiç yalnız bırakmadı. Çocukları da yalnız bırakmayı, terk etmeyi öğrenmedi.

O, çocuklarına hiç kızmadı. Çocukları da kızmayı öğrenmedi.

O, çocuklarını hiç kırmadı, onlara hiç kırılmadı. Çocukları da kırmayı ve kırılmayı öğrenmedi.

O, çocuklarının her türlü haline sabretti. Çocukları da her şeye sabretmeyi öğrendi.

O, babaydı...

O, Metin ismiyle çocuklarına yönelen, onlara Allah'ın tüm isimlerini davranışlarıyla öğreten ve hayatlarına geçmesini sağlayan bir Babaydı (a.s.m.)...[31]

Çocukları olmadan Medine'ye girmedi

Peygamberimiz Mekke'den ayrılmıştı. Doğduğu, büyüdüğü, evlendiği, peygamberlikle müjdelendiği yurttan yuvadan, çocuklarının doğduğu diyardan ayrılmıştı.
Terk etti.
Tek olarak...
Her şeyi bırakıp gitti. Dünyadan çıkıp gider gibi gitti.
En önemlisi çocuklarını bırakıp gitti...
Hz. Ali'ye iki emanet bırakmıştı, iki vazife. Mekke müşriklerinin emanetleri ve kızları...
Hz. Ali emanetleri sahiplerine verdi. Asıl emanet olan Peygamberimizin kızları, Fatıma ile Gülsüm'ü, kendi annesi Fatıma'yı ve Hz. Hamza'nın kız kardeşi Fatıma'yı da yanına alarak ayrıldı Mekke'den.
Çöl... Mahşer gibi çöl...
Yokluktu çöl. Hayata ait bir şeyin olmadığı yerdi çöl... Vahşilikti...
Önde çöl vardı. Arkada çölden daha yokluk içinde, daha vahşilik içinde olan müşrikler vardı...
Hz. Ali yol alıyordu sevgili emanetlerle... Beş kadın ile yol alıyordu.
Tüm çölleri aşmak için yol alıyordu. Çölleşen ruhlardan uzaklaşmak için yol alıyordu.
Müşrikler, çöl firarilerine ulaşmakta gecikmediler. Etraflarını sardılar. Kadın yürekleri yaprak gibi titredi. Kılıçlar sallandı, beş kadının etrafında.
Korku çöllere döküldü yüreklerden. Kadın kalpleri çöller gibi kavruldu korkudan. Gözlerden yuvarlandı kırmızı kum taneleri gibi korku dolu gözyaşları.
Fatıma, sallanan kılıçların etkisiyle yere yuvarlandı devesinden.

çocukları olmadan medine'ye girmedi

Hz. Ali, emanet bellediklerini öyle korudu ki Allah'ın aslanından müşrikler uzaklaşmadan başka çare bulamadı.
On iki gün sürdü sevgili babanın izini takip. Ona Kuba'da yetiştiler.
Sevgili baba, çocuklarını beklemişti Kuba'da. Onlarsız Medine'ye girmemişti.
Hayatlarının tek uzun ayrılığıydı bu on iki gün. Medine bu sevgili aileyi bekliyordu özlemden kavrularak. Medineli kadın ve çocukların yüreklerinde alev alev başka çöller yaşanıyordu. Hasret buram buramdı, Medine ufuklarında.
Medine sokaklarına dökülmüştü özlem. Kalplerdeki çölleri giderip, hayat sunan sevgilinin çöllerden gelişi bekleniyordu. Günlerce beklediler. Günlerce baktılar çöllerin ufkuna.
Sonunda tüm hasretleri gideren güneş doğmuştu Medine'nin hasretle yanan kızıl ufuklarında. Medineli anlamıştı üzerlerine doğan bahtiyarlığı. Kadın ve çocuklar dillendirdi bu bahtiyarlığa ermişliğin gönül bestesini:
"Ay doğdu üzerimize
Veda tepelerinden..."
Medineli kadın ve çocukların gönül nağmeleri ile selamladıkları sevgili Peygamberin topluluğu içerisinde onun çocukları da vardı.
O, çocuklarından hiç ayrılmayan, onları Vekil ismiyle koruyan, himaye eden bir Babaydı (a.s.m.)...[32]

Çocuğuna yardıma sevinme

Hz. Bilal mescide gidiyordu. Yolda Peygamberimizin reyhanları Hasan ve Hüseyin'in ağlama seslerini duydu.

Hemen onlara yöneldi. Allah Resul'ünün sevgililerinin ağlamasına dayanamadı.

Kapıyı çaldı.

Anne Fatıma, değirmen döndürüyordu. Ekmek olmasını bekleyen yavrular acıkmış ağlıyorlardı.

Hz. Bilal, çocukları avutma teklifinde bulundu anne Fatma'ya.

Anne Fatıma, çocuğu en iyi kimin susturacağını biliyordu. Yavruları ancak anaları susturup oyalardı. Onun için Bilal'in yardım teklifine karşı:

"Sen değirmeni çevir, çocukları ben oyalayayım" dedi.

Susmuştu cennet reyhanları ananın tatlı kokusundan, ilgisinden.

Bilal döndürmüştü Fatıma'nın değirmenini... Samimiyet döndü Fatıma'nın değirmeninde. Yardım ve sevgi, ekmek oldu eller üstünde...

Küçük reyhanlar, Bilal'in değirmeninden dökülen şefkatle susup doydular.

Hz. Bilal, mescide geç kalmıştı. Allah Resulünün yanına varmaya, ondan istifade etmeye geç kalmıştı.

Mahcuptu...

Hangi dünyevi meşguliyet Allah Resulüne ulaşmakta geç kalmanın özrü olabilirdi ki?

Bilal üzgün, boynu bükük bir şekilde başından geçenleri, geç kalma nedenini anlattı Peygamberine.

Peygamberimiz değirmen çeviren elleri sevgiyle tuttu.

Belli ki kızına yapılan yardım, onu mutlu etmiş, duygulandırmıştı. Memnuniyetini duaya döktü.

çocukları olmadan medine'ye girmedi

"Fatıma'ya merhamet ettin, Allah da sana merhamet etsin."

O, çocuklarının memnun edilmesiyle mutlu olan, memnun olan bir Babaydı (a.s.m.)...

Allah'ın lütuf sahibi ismi olan Mevla ile yavrularına lütufta bulunana lütfeden bir Babaydı (a.s.m.)...[33]

Evlilik sabır mı?

Yeni evliydi...
Yokluğa bürünmüştü, yoksulluğa düşmüştü.
Yeni evindeki yokları, var olan tek şeyi ile söyleyerek anlattı babasına.
"Ya Resulullah! Sadece, gece üzerinde yatıp, gündüzleri ise üstüne su serperek oturduğumuz bir koyun postumuz var."
Peygamberimiz maddede sıfırlanan kızına dedi:
"Sabret kızım! Hz. Musa da on yıl boyunca eşi ile birlikte cübbesinin üzerinde yattı." [34]
Fatıma, sabretti.
Peygamber gibi sabretti. Hz. Musa gibi sabretti.
Dünya evine girmek diye tanımlanan evlilik, dünyanın yaşanıp daha çok zevk edildiği, sıkıntıların olmadığı, yoklukların kenarına uğramadığı bir yaşam olarak düşünülür. Gençlere de bu duygular verilir.
Evliliğin sorunlar ve sorumluluklar yeri olduğu hiç akla gelmez, ya da getirilmez.
Peygamberimizin kızı, maddi anlamda, baba evinin çok daha gerisinde, sıfır noktada bir yokluğun içinde yaşıyordu evliliğini.
Peygamberimiz kendisine durumunu arz eden kızına, her defasında sabır tavsiyesinde bulunuyordu. Ona, ahiretin kolay kazanılmayacağı gerçeğini hatırlatıp, büyük zatların hayatlarını örnek olarak gösteriyordu.
Evliliği boyunca Fatıma'nın dünyalık hiçbir şeyi olmadı. Maddi anlamda, sıfır yoklukta başlayan evliliği sıfır yoksullukla bitti.
Allah'ın isteğiyle Hz. Fatıma'nın evliliği maddi anlamda çok yoksul geçti. Hz, Fatıma'nın ölümünden sonra ise Hz. Ali, çok kazandı. Öyle ki Hz. Fatıma ile evliliği sırasında bir dinarı bula-

evlilik sabır mı?

mayan Hz. Ali daha sonraları ise günde 4000 dinar kazanır olmuştu.[35]

Allah, sevgili Resulünün en çok sevdiği kızını evliliğinde her türlü yoklukla imtihan etti. Peygamberimiz bu evlilikte hep sabır tavsiye ederken, evliliğin sabır olduğu gerçeğini vurguladı. Aynı zamanda da kızını olumsuzluklara karşı sabrettirerek onun evliliğini ve eşi ile ilişkilerini koruyan baba modelini öğretti bize.

Ve Rabb, her türlü yokluğa sabreden eş modelini gösterdi insanlığa.

Peygamber baba, kendisine yakışan bir üslup ve tavırla sabır ile adımlattırdı kızına rıza mertebelerini...

Hz. Fatıma'nın, evliliğindeki yokluğunu, ihtiyaçlarını, babasına anlatması evliliğinden şikayet eden bir genç hanımı akla getirmemelidir.

Bu davranış, her şeyini babası ile paylaşan bir baba kız modelini, göz önüne sermektedir. Her konuyu babasına rahatça açıp, ondan her konuda destek ve tavsiye gören evli bir hanım ve her konuda çocuğunu yalnız bırakmayan bir baba modeli söz konusudur.

Babaya şu anlatılır, şu gizlenir anlayışından çok uzak bir baba evlat modelidir onlar.

Hep açlığa maruz kalmış, yoksulluktan şikayetçi olmuş, bu konuda olayları çok anlatılan bir Hz. Fatıma da akla gelmemelidir.

O evliliğinde öyle bir yokluk ve yoksulluk yaşamış ki, çoğu kez temel ihtiyaç maddesi olan ekmeği bile bulamamıştır. Öyle sıfırlanmıştır. Evliliğin meşakkatini çekmiştir. Ama o, bu evliliğine öyle sabretmiş ki, bu sabır ehl-i beyt ile netice vermiş, Hz. Hasan ve Hz. Hüseyin Efendilerimizin neslinin güllerini açtırmıştır.

O gül fidanlarını sabırla dikmiş, nur ve gül neslinin temelini onun peygamber gibi sabrı oluşturmuştur.

Örnek babanın en çok sevdiği kızının evliğinin, zor imtihanlı olması ve onun da evladına hep sabır tavsiye etmesi, evliliğin, sabırla devşirilen bir güzellik olduğunu tüm insanlara anlatan be-

peygamberimiz nasıl bir babaydı?

lirleyici bir örnek olmuştur. Peygamberimiz, kızına belki gözden atlanan bir şeyi çok iyi kavratmıştı:

Evlilik bir imtihandır. Önemli bir kulluk sınavıdır. Bu sınavda herkes çeşitli şekillerde sorulara tabi tutulur. Bu sınavın doğru cevabı ise, soruların kimin tarafından sorulduğunu bilmektir.

Soruların doğru cevaplandırıldığının göstergesi ise, sabırlı bir duruştur.

Onlar bunu yaptı...

Bu çetin sınav dolu evliliğin bir ucunu, sabır takviyesi ve destekleri ile sevgili baba oluşturdu...

Nitekim, bu çetin hayat sınavına Fatıma, babasının ayrılığından sonra ancak altı ay dayanabildi.

Ne kadar babanın hasreti de dense, bu zor imtihanlı hayatın en büyük dayanağı gidince dayanamadı sevgili Hz. Fatıma...

O güçlü bir babaydı...

O, çocuklarına Kadir ismiyle yönelen, dayanak olan bir Baba idi (a.s.m.)...

Aranan para

İnci taneleri gibi yaşlar yuvarlanıyordu yavruların gözlerinden. Açlığın verdiği elem çocukları ağlatıyordu. Acıkmışlardı. Anne çaresizlikle baktı yavrularının açlıktan sararmış yüzlerine. Yokluğu var eden gülümsemesiyle yavrularının başlarını okşadı.

Baba gelmişti. Ağlayan küçüklere baktı. Anneye çocukların niçin ağladığını sordu.

Çocuklar yemek istiyordu. Evde bir şey yoktu. Yüreği çocuklarına bir şeyler getirememekle yaralı baba, bir iş bulup çalışmak için dışarı çıktı. Çevrede iş araştırırken yolda bir dinar buldu. Hemen evine gelerek bu parayı kullanıp kullanamayacağını eşi Hz. Fatıma ile konuştu.

Hz. Fatıma, bu parayla un almasını söyledi. Hz. Ali parayı satıcıya rehin vererek un almak istedi. Satıcı, Hz. Ali'yi tanımıştı. Peygamberin damadına unu hediye ederek parayı iade etti.

Eve gelen Hz. Ali'yi, eşi aynı parayla et almak için gönderdi. Hz. Ali parayı kasaba rehin bırakarak et aldı.

Hz. Fatıma, unu ekmek yaptı ve eti pişirdi. Yemeğe babasını da davet etti.

Peygamberimiz yemeğe geldi. Hz. Fatıma yemeğin oluş hikayesini babasına anlatarak yemeğin helal olup olmadığını sordu.

Peygamberimiz buyurdu:

"Allah'ın ismiyle yiyin."

Tam bu esnada bir kölenin sesi duyuldu. Bir dinarını kaybetmiş arıyordu.

Peygamberimiz, Hz. Ali'yi kasaba göndererek rehin parayı vermesini ve kasaba kendisinin borçlu olduğunu söylemesini istedi. Hz. Ali parayı alarak, parasını kaybettiğini söyleyen köleye verdi.

Peygamberimiz, yavrularının yemek meselesini halletmiş, onların yerine de borçlanmıştı.

O, çocukları için her fedakârlığı yapan bir babaydı.

O, evlatlarının borçlarını da üstlenen, Vehhab ismiyle karşılıksız bağışlayan bir Babaydı (a.s.m.)...[36]

Cennetten gelen yemek

Peygamberimiz, Hz. Fatıma'nın evindeydi. Kızına yiyecek bir şeyler olup olmadığını sordu. Evde hiçbir şey yoktu. Peygamberimiz kızına buyurdu:
"Belki bir şeyler vardır?"
Hz. Fatıma, düşündü. Allah Resulü, her şeyi daha iyi bilirdi, ama evde bir şey yoktu.
O sırada küçük Hasan ve Hüseyin de oyundan gelmişler, annelerinden yiyecek istiyorlardı.
Hz. Fatıma, çaresizliği ve yokluğu bir anda yaşadı. Babasına bir şey ikram edememenin ve çocuklarına da yedirecek bir yemek bulamamanın yakıcı ezikliğini hissetti içinde.
Peygamberimiz kalktı iki rekat namaz kıldı. Sonra iç odaya geçerek iki rekat namaz daha kıldı.
Namazla geldi rahmet.
Namazla açıldı Rezzak'ın kapıları...
Çaresizliği yaşayan yavrusuna Allah göklerden açtı sofrayı. Taif üzümü, Hicaz hurması ve Şam çöreği. Yemek isteyen üç kişiye, üç farklı yiyecek sunmuştu Rabb'imiz.
Hep beraber oturdular Rezzak'ın sofrasına, Rahman'ın ihsanına...
Yedikçe yenileniyordu yemek.
Sevgili Peygamberin yemek mucizesi, bu defa özeldi. Kızı ve torunları içindi...
O sırada kapı çalındı.
Kapıda yemek isteyen bir dilenci vardı. Hz. Fatıma yemeklerden ona da götürmek istedi. Peygamberimiz izin vermedi. Hz. Fatıma şaşırdı. Her isteyene veren baba, bu yoksulu neden geri çeviriyordu.
Açıklamalı cevap, rahmet peygamberinden geldi. Kızına

onun kim olduğunu sordu. Hz. Fatıma, onun kimliğini bilmiyordu. Peygamberimiz kızına dedi:

"O şeytandır. Kendini gizliyor. Maksadı Allah'ın ona yedirmediği cennet yemeklerinden yemek. Yediğimiz bu yemeği Cebrail bize cennetten getirdi."

O, rahatlatan bir babaydı...

O, Rabbimizin ikramı, ihsanı bol demek olan Mecid ismiyle çocuklarına yönelen bir Babaydı (a.s.m.)...[37]

Melekler korudu

Küçük Hasan ve Hüseyin evden çıkmışlar, uzun zaman geçmesine rağmen geri dönmemişlerdi. Babaları da evde yoktu.
Anne Hz. Fatıma telaş içerisindeydi.
Ne yapacaktı şimdi?
Ağlayarak babasının yanına gitti. Durumu anlattı.
Sevgili baba, yavrusunun yavruları için hemen el açtı Rabbine.
Dua dua döküldü yollara...
Duanın cevabı Cebrail ile hemen geldi.
Cebrail, dostuna çocukların nerede olduğunu haber verdi:
"Ey Allah'ın Resulü onlar dünyanın büyüklerindendir. Anneleri daha da büyüktür. Üzülmeyin, onlar şimdi Neccaroğulları'nın bahçesindeler. Allah iki meleği onları korumakla görevlendirdi."
Peygamberimiz, meleklerin korumasında olan çocukları almak için bahçeye doğru yola koyuldu.
Peygamberimiz çocukları alıp dönerken Ebu Eyüp Ensari ile karşılaştı. Ebu Eyüp Hazretleri, melekleri görmediği için çocukları peygamberimizin taşıdığını zannederek dedi:
"Ey Allah'ın Resulü! Müsaade edin birini de ben alayım. Yükünüz hafiflesin."
Peygamberimiz, sevgili yavrusunun yavrularını övdü.
Ebu Eyüp Ensari'ye dedi:
"Bunlar dünyada mükerrem, ahirette muhteremdir. Anneleri ise daha üstündür."
O, çocuklarının çocuklarını da çok seven bir babaydı.
O, çok seven bir dedeydi.
O, çocuklarının her türlü problemleriyle ilgilenen, Habir ismiyle her şeyi bilen ve haber veren bir Babaydı (a.s.m.)...

Bencil olmayan baba

O hep başkaları için diledi.
Hiç "ben" demedi.
"Ben" demeyen babanın, çocuğu da bencil olmadı, ben demedi.
Fatıma'nın nikahı olmuştu. Kız için adet olan mihr çok az bir miktar olarak kararlaştırılmıştı.
Fatıma, nikahında, hiç dünyevilik olmasını istemedi. Dünyevi olan bir karşılık onun içine sinmedi. Onun evliliğini Rabbi dilemişti, nikahını madem ki Rabb'i kıymıştı, mihrini de O vermeliydi.
Öyle de oldu...
Hz. Fatıma, bu mübarek nikahın her kesitini mübarekleştirdi, dünyevilikten uzaklaştırdı.
Babasına dedi:
"Ey Allah'ın Resulü! Herkes altın ve gümüş alarak evleniyor. Ben bunu istemiyorum. Allah'tan benim evlilik akçem olarak ümmetin asileri için şefaat etmemi iste."
Sevgili baba kızının isteğini ulaştırdı dua olarak Rahmetin sahibine.
Ümmete rahmet isteğine rahmet, Rahmet sahibinden Cebrail ile gönderildi.
Allah, Fatıma'nın isteğini kabul etti. Cebrail, Allah Resulünün yanına, nurdan bir ipekle geldi.
Peygamberimize dedi:
"Bunu, Fatıma'ya ver."
Allah, Fatıma'nın isteğini, nurdan bir ipek üzerinde göndermişti. Bu ipek üzerinde şöyle bir yazı vardı:
"Allah, Fatıma bint-i Muhammed'in mehrini, asi ümmetine şefaat olarak kıldı."

bencil olmayan baba

Rabbinin hediyesini, Hz. Fatıma, titizlikle sakladı. Vefatında da kefeninin içine koydurdu.

Baba bencil olmazsa, çocuk da bencil olmuyordu. Baba "ben" demezse, çocuk da "ben" diyemiyordu.

O, çocuklarına benliği öğretmeyen bir babaydı...

O, çocuklarını, isteklere cevap veren Mucib isminin sahibi olan Zata götüren bir Baba idi (a.s.m.)...

İnsanların en sevgilisi

Günler, haftalar sürerdi ayrılık...
Peygamberimiz, günler süren seferlerinden döndüğü zaman, ilk uğrak yeri mescidi olurdu.
Rabbine giderdi secde secde...
Rabbine ulaşırdı şükür şükür...
Tekrar dönme nimetine teşekkür ederdi dua dua...
Sonra evine uğramadan bir başka kapıya giderdi. Yavrusuna, şefkat parçasına, kendisine sevdalı Hatice'sinin, iki cihanda açmak üzere dünyaya getirdiği en küçük tomurcuğuna giderdi. Sevgili Hatice'sinin minik emanetine, küçük yaşta öksüz bıraktığı gül goncasına giderdi...
Eşlerine uğramadan giderdi Fatıma'sına...
Hz. Aişe'ye soruldu.
"İnsanların Allah Resulüne en sevgili olanı kimdi?"
"Fatıma" dedi.
"Erkeklerden kimdi?" dediler.
"Fatıma'nın eşi"dedi.
Babalar eve gelince önce anneleri sorarlar. Onların, ilk görmek istedikleri çoğu zaman eşleridir.
Peygamberimiz, önce çocuklarını soran bir babaydı. Çünkü o hayata nefsi boyutta bakmıyordu. İlk eşi sormak, nefsi boyutun yansımasıdır.
Peygamberimizin tabirince çocuk kalbin meyvesidir.
Hayatlarını kalp boyutunda yaşayanlar herkesten önce çocuklarını tercih ederler.
Peygamberimizin ayrılıklardan sonra ilk kavuşmak istediği, ilk görmek istediği ve ilk gördüğü çocukları olurdu.
O çocuklarına Mukaddim ismiyle yönelen bir babaydı. Çocuklarının önüne dünyevi hiçbir sevgiyi geçirmeyen Babaydı (a.s.m.)...[38]

Ebu'l-Kasım'ı ağlatan çocuk

Dört yaşındaydı...
"Babacığım, babacığım" diye etrafında koşup oynuyordu. Çocukların en tatlı konuşmaları yaptığı yaştaydı. Büyüklerin dünyasına girme, konuşmalarla büyükleri öğrenme yaşındaydı.
Babasına isim olmuştu artık o.
En büyük oğluydu.
"Onun babası" diyorlardı artık sevgili peygamberimize.
"Ebu'l Kasım..."
Kasım'ın babası. Künyesi olmuştu peygamberimizin. Çünkü en büyük oğul ile adlandırılırdı babalar.
En büyük oğluydu ve ilk oğluydu Kasım. Nübüvvet bahçesinde, tatlı konuşmaları ve çocuk hareketleriyle peygamberimizi mutlu ediyordu.
Kasım bir gün şakımalarını kesti. Sustu Kasım. Yumdu gözlerini bu dünyaya açmamak üzere.
Açılmaz oldu dudakları. "Babacığım!" demiyordu artık.
Koşup boynuna atılmıyordu sevgili babasının. Tutmaz olmuştu minik elleri, babacığının ellerini.
Peygamberimiz, Kasım'ın vefatına çok üzülmüştü.
Hüzün yılı Kasım'ın ölümüyle başladı...
Kasım, o derece bir hüzün vermişti ki babacığının kalbine, Peygamberimiz hüznünü söyledi dağlara.
Peygamberimiz, Kasım'ın cenazesi taşınırken karşısında bulunan Kuaykıan dağına bakarak dedi:
"Ey dağ! Benim başıma gelen şey senin başına gelseydi, dayanamazdın yıkılırdın."
Çok sevdiği oğlunun vefatının tesellisini annesi ile de gideremişti Peygamberimiz.
Hüzün yılının devamında peygamberimizin amcası ile Kasım'ın annesi Hz. Hatice de vefat etti.

peygamberimiz nasıl bir babaydı?

Ebu'l Kasım ağlatarak ve hüzün yılını başlatarak ayrılmıştı bu dünyadan.
Çok üzgündü yaratılanların sevdalısı. Çok kederliydi. Rabb'inin Sabır ismi ile dayanıyordu acılarına.
O çocukları için hüzün duyan bir babaydı.
O çocuklarını ağlatmayan, fakat çoğu zaman çocukları tarafından yapılan sınavlarla ağlatılan bir Babaydı (a.s.m.)...
Çocuklarının ölümünde, Allah'ın ölümden sonra ikinci kez hayata döndüren ismi Muid ile teselli bulan bir Babaydı (a.s.m.)...

Altı çocuğu ölen baba

Peygamberimiz, dört kız, üç erkek çocuk babasıydı. Yedi çocuk ona "baba" dedi, "babacığım" dedi, "babam" dedi.
Yedi çocuk, onun sevgi dünyasına herkesten farklı girdi. Şefkat dünyasında herkesten farklı yer aldı. O, yedi çocuğa "yavrum" dedi.
Bu yedi çocuktan altısı peygamberimiz hayatta iken öldü.
Altı çocuğu kendi yolcu etti ahirete.
Beşini kendi koydu kabre. (Hz. Rukiyenin vefatında Bedir savaşında olduğu için ölümünü de, gömülüşünü de görememişti.)
Altı çocuk, üçü küçük, üçü büyüktü. Altı yavrunun kabri başında oturdu...
Şefkat pınarlarından damlalar döktü hepsi için. Altı yavruyu özledi. Altı yavrunun hasretini duydu.
Evlat acısının ne demek olduğunu, nasıl bir yürek acısı, nasıl bir kalp sızısı olduğunu bilen sevgili baba, kendi gibi olanlara müjdeledi:
"Kim büluğa ermemiş üç çocuğu önden gönderirse bunlar kendisi için ateşe karşı muhkem bir kale olurlar."
Sevgili babanın üç oğlu, büluğdan önce vefat etmişlerdi.
Altı gönül bağı kopmuştu bu dünyadan. Altı sevgi yumağı ayrılmıştı yanından.
Sevgili baba yine müjdeledi:
"Allah buyurdu:
'Dünya ehlinden sevdiğini aldığım bir kulum, onun sevabını umarak sabreder, rıza gösterirse mükâfatı ancak cennettir.'"
İbn-i Hacer'in rivayetinde tek çocuk da dahildir der.
O, hiçbir babanın etmediği kadar, edemeyeceği kadar sabretti evlatlarının yokluğuna. Çünkü O, çocuklarını hiçbir babanın sevemeyeceği kadar çok seviyordu.

peygamberimiz nasıl bir babaydı?

Yamandı ayrılık gerçekten. Hele de yürek tomurcuğu çocuktan.

Peygamberimiz, insanlığın, tüm duyguları en fazla hissedeni olduğu için tüm acıları, en keskini ve en dayanılmazıyla o hissetti.

Bir daha kucağına tırmanamayacak olan, minik ayak seslerini duyamayacağı, temiz soluklarının serinletici temasını yanaklarında duyamayacak üç küçük erkek yavrusu için üzüldü. Üç tane de gençliklerinin, evliliklerinin baharında dünyadan ayrılan üç genç gül fidanı için arkalarından gözyaşı döktü.

Hep sabretti O. Hep, O bir tek olana, eşsiz ve benzersiz olana, her şey kendisine muhtaç olana dayandı...

Sabretti O...

Dayanacak, güvenecek, sabır dilenecek O'ndan başka bir varlık olmadığını hayatında yaşadığı acılarla gösterdi.

Sabreden bir babaydı O...

Samed ismiyle her şeyin Ona muhtaç olduğunu bilen bir Babaydı... Çocuklarının da...

O altı çocuğunun arkasından ağlayan bir Babaydı (a.s.m.)...[39]

Kızının yetim ve öksüzleri

Peygamberimizin, "Benim en iyi ve en çok sevdiğim" dediği kızıydı Zeynep.
İlk goncasıydı...
İlk toprağa düşen de o oldu...
Eşi Ebu'l-As, bu acıya ancak iki gün dayanabildi. O da ahiret diyarına gitti.
Arkada yetim ve öksüz iki çocuk kalmıştı. Ali ve Ümame.
Bazı kayıtlara göre Ali babasından önce vefat etti, bazı kayıtlara göre de Yermuk Savaşında şehit oldu.
Ama bilinen o ki, annesiz babasız Ümame dedesinin himayesinde kaldı.
Bu yetim ve öksüz yavruya, sevgili dede, hem anne, hem de baba oldu.
Sevgili peygamberimiz çocuklarından her türlü sıkıntıya maruz kalmıştı.
Şimdi de, sevgili Zeynep'inin öksüz ve yetim kızını bağrına basmış, ona alemlere rahmet kucağını açmıştı.
Onu öylesine sevdi ki...
Ona annesizliğini ve babasızlığını unutturdu.
Onu öyle sardı ki...
Ona kimsesizliğini hissettirmedi.
Onu öyle kucakladı ki...
Onu mübarek omuzlarında taşıdı.
Onunla mescide gitti. O omzundayken Allah'ın huzuruna çıktı.
Onu öyle sardı sarmaladı, ona şefkat kollarını açtı...
Güzel bir hediye alır, "En sevdiğime vereceğim bunu." derdi sevgili dede. Herkes, merakla beklerdi en sevileni. Kendileri olma düşüncesiyle dualar edilirken Peygamberimiz, Ümame'sini çağırırdı.

peygamberimiz nasıl bir babaydı?

Peygamberimiz, Zeynep'inin öksüz ve yetimini hiçbir dedenin sevemeyeceği kadar sevdi. Onu hep yanında taşıdı, yakınında bulundurdu.

O, yavrusunun yetimlerine de kollarını açan, onları Nasir ismiyle koruyan bir büyük Babaydı (a.s.m.)...[40]

Eşleri barıştırdı

İki sevgili insan birbirine küsmüştü. Aralarında soğuk bir rüzgar esmişti. İncinmişti muhabbet filizleri. Burkuluvermişti yürekler. Solmuştu gül yüzler. Silinmişti yüzlerden tebessümler... Sevgili baba, yanlarına gitti.

İki sevgili insan, birbirlerine sırt dönmüş oturuyorlardı. Peygamberimiz iki küsmüş insanın ellerini ellerine aldı. İki el Alemlerin Efendisinin elinde birleşti.

İki kırık kalp, babanın elinde bütünleşti.

İki kırgın gönül, baba elinde buluştu...

Peygamberimiz, iki genç eşin ellerini göğsü üzerinde birleştirdi.

Onarım tamamlanmıştı. Kırgınlıklar gitmiş, küskünlükler barışa dönüşmüştü.

Tebessümle baktılar birbirlerinin yüzlerine. Belki de kırgınlıklarına, kırılmışlıklarına güldüler.

Peygamberimiz genç eşlerin yanından ayrıldı. Yüzünde mutluluk tebessümleri vardı.

Dostları sordu:

"Ey Allah'ın Resulü, içeri girdiğiniz halinizle, çıktığınız hâl farklı. Sizi şimdi neşeli görüyoruz."

Barışı seven Allah Resulü dostlarına dedi ki:

"Niye neşeli olmayayım, sevdiğim iki insanı barıştırdım!"

O, çocukları kırıldığı zaman kendisi daha da çok kırılan bir babaydı. Çocuklarının yüzlerindeki en ufak üzüntü onu can evinden vururdu.

O, babaydı...

Küsünce barıştıran, kalplerini kendi kalbiyle birleştiren, ayrılıkları kaldıran bir babaydı...

O, Alim ismiyle bilen bir babaydı. Küskünlük ve kırgınlıkları sözlü konuşmalardan önce vücut temaslarının giderici olduğunu bilmekteydi. Kırgın bir insan ile konuşurken aynı zamanda ona dokunmak, elinden tutarak konuşmanın barışı daha çabuk sağladığını biliyordu.

O, çocuklarına Alim ismiyle yönelen bir Babaydı (a.s.m.)...[41]

Yavruyu dualarla teselli

Onu, o kadar çok seviyordu ki...
O, küçük yaşta anasız kalmış, boynu nadide ve narin çiçekler gibi bükülmüştü.
En küçük kızıydı...
Belki de küçüklerin farklı bir durumu vardı babaların yanında. Daha korunmasız ve daha güçsüzdüler büyüklere nazaran.
Fatıma da peygamberimiz için öyleydi.
Çok sevdiği yavrusunun yüzü hiç gülmedi bu dünyada. Hayatı hep zorluklarla geçti. Cennet kadınlarının efendisiydi; dünyanın çilekeşi...
Yine kederliydi genç Fatıma'sının yüzü.
Solgun ve hastaydı. Yorgundu...
Üzerinde günlerce yemek pişmeyen bir ocak sahibiydi Fatıma... Açlıktan çoğu zaman sararıp solardı.
Yine öyle günlerden birisiydi.
Fatıma, yağmuru bulamamış bir gül gibiydi...
Yaprak yaprak dökülmüştü... Gülümsemesi kaybolmuş, yüzünün ışıltısı solmuştu. Gücünü ve rengini kaybetmişti.
Sevgili peygamberimiz, sararmış gülüne baktı. Dünyanın faniliğini göstererek, kendi hayatından örnek vererek sabır tavsiyesinde bulundu yavrusuna.
Ve dedi ki:
"Canım kudret elinde bulunan Allah'a yemin ederim ki; Allah Resulünün ocağında da üç gündür ateş yanmamıştır ey Fatıma! Gözümün nuru kızım, ben sana bir şeyler öğreteyim de sen onlara devam et. Bana da Cebrail öğretti.
Ya Evveliyn! Ya Zel Kuvvetil Metin! Ya Erhamel Mesakiyn! Ya Erhamer Rahimiyn!"
O, sebeplerden kaçıp asla giden bir babaydı...
O, çocuklarını her yerde hazır bulunan, her şeyi bilen ve gören olan Şehid isminin sahibi olana yönelten bir Babaydı (a.s.m.)...

Çocuklar hep önde

Hz. Ali'nin uzun zamandır aklından geçen bir düşüncesi vardı.
"Ey Allah'ın Resulü" diye söze başlarlardı hep. Hz. Ali de öyle yaptı:
" Ey Allah'ın Resulü kızınız Fatıma mı, yoksa kocası Ali mi size daha sevgilidir?"
"Ciğer köşem, gözümün nuru" dediği Fatıma'sı mı daha sevgiliydi, yoksa onun eşi mi?
Peygamberimiz sevgi dolu bir tebessümle baktı Hz. Ali'ye.
"Fatıma senden daha sevgili, sen ondan daha azizsin." dedi.[42]
Bir başka nakilde ise Peygamberimizin şöyle dediği belirtilir:
"Fatıma'yı çok severim, Fatıma'dan sonra da seni çok severim."[43]
Biri sevgili, biri azizdi. Sen daha değerlisin, daha kıymetlisin, ama kızım daha sevgili demekti.
Peygamberimiz, çocuklarını onların eşleriyle hassas bir ölçüde tutmuştur daima. Belki eş zaafı olarak "Bak baban beni senden daha çok seviyor." deme fırsatını eşi Hz. Ali'ye vermemişti Peygamberimiz.
İnce bir anlatım ile onun aziz, ama kızının daha sevgili olduğunu belirtiyordu.
Sevgide hep en öndeydi yavruları.
Sevgide çocuklarına hiç kimseyi tercih etmedi. Hiç kimseyi öne geçirmedi.
O, çocuklarına Allah'ın kendinden başka yüksek bulunmayan Refi' ismiyle yönelip onları diğer insanlara karşı yücelten bir Babaydı (a.s.m.)...

Çocuğuna ayağa kalkmak

Babalara ve tüm büyüklere saygı gösterilmesi gerektiği çocuk iken öğretilir. Baba, çocuğun gözünde en büyüktür. En güçlüdür. En saygı değer olandır.
Çocuklar, babalar gelince toparlanırlar. Eskiden ise çocuklar, babanın her odaya girişinde ayağa kalkardı.
Hep bunlar çocuklar içindi.
Çocuklar için ise babalar hiç ayağa kalkmadı. Hiç saygı gösterisinde bulunmadı. Oysa alemler Sultanı Efendimiz, çocuğu için ayağa kalkan bir babaydı.
Sevgili Fatıma'sı ne zaman evine gelse onu ayağa kalkarak karşılar ve minderine oturtarak ağırlardı.
Kendisi de ne zaman kızının evine gitse, Fatıma'sı ayağa kalkar, ellerinden öper, babasını minderine oturturdu.
Aslında bu gidip gelmeler çok geç aralıklarla yapılmazdı. Sık sık olan bu görüşmeler, samimiyet denen saygı ve hürmet anlayışını azaltan duruma uğramadan tekrar edilirdi.
Peygamberimiz, çocuğunu sevdiği kadar ona saygı kuralları çerçevesinde davranırdı.
O, çocuğunu önemseyen bir babaydı.
O, çocuğunu çok önemsediğini ve ona verdiği değeri çevreye davranışlarıyla da belli eden bir babaydı.
O, çocuğu için ayağa kalkan tek babaydı.
O, yavrusunu her defasında ayakta karşılayan ona Allah'ın pek yüce, büyük ismi Azim ile yönelen bir Babaydı (a.s.m.)...[44]

Eşitliğe önem veren bir babaydı

O, eşitlik peygamberiydi.
Onun dünyasında sosyal tabakalara yer yoktu.
O, kulluk tabakasını getirdi.
Dostları oldu köleler, esirler.
Rengi kara denenler, onun ak kalpli gönüldaşlarıydılar. Herkese elini eşit olarak uzattı. Uzatılan elleri eşit olarak tuttu.
Zengini fakiri ayırt etmedi.
Siyahı beyazı seçmedi.
Esir ve hür herkes eşitliği yaşadı onun gönül dünyasında. Aynı hizada olmanın, aynı konumda durmanın mutluluğunu tattı.
O eşitlik peygamberiydi...
En önemlisi, kız ve erkek çocuklar arasındaki eşitliği sağladı.
Asırlık taassubu kaldırdı.
Onun için kız erkek ayırımı olamazdı çocuklar arasında.
Kızına, oğluna eşit davrandı. Erkek evlatlarından çok kız evlatları tanındı. Onlar konuşuldu.
O buyurmuştu:
"Kimin iki kızı olur da bunları öldürmez, alçaltmaz, oğlan çocuklarını bunlara tercih etmezse Allah onu cennete koyar."
Öldürmeme ile birlikte alçaltmama da esas alınmıştı. Alçaltmamanın uygulanması erkek çocuklarına tercih etmemekleydi. Yani eşitlikle. Eşit tutmazsan zaten alçaltılmış oluyordu kız çocuğu. Cenneti kazandıran bu peygamber uyarısı çoğu zaman nefislere zor geldi. Enelere zor geldi.
O, eşitlikçi bir babaydı...
O, her çocuğu, ayrı bir fert olarak gören bir babaydı.
O, çocuklarına Fert ismiyle davranan bir Babaydı (a.s.m.)...[45]

Köle ile esir

Hz. Fatıma'nın düğününe az kalmıştı.
Sevgili Efendimiz, kızının ve damadının mutlu olmasını istiyordu her baba gibi. Eşlerin, her zaman, her durumda birbirlerine destek olmasını istiyordu. Birbirlerine bağlı olmalarını arzu ediyordu.
Bencil olmamalarını istiyordu.
Huzurun kaynak olduğu, kavganın yakınına uğramadığı bir yuvalarının olmasını istiyordu sevgili baba.
Genç nişanlıları karşısına aldı.
Sahip olmalarını istediği bir davranış modeli söyledi onlara. Birbirlerine karşı bir tutum belirledi.
Evlilikteki o ince noktayı gösterdi.
İlginç bir şey vardı bunda. Her zaman evlilikten önce nasihatler kızlara yapılır. Mutlu olunması için gerekli uyarılar kıza edilir.
"Şöyle davran, şöyle yap." Evlilikteki mutluluk yükü kıza verilir. Zayıf omuzlara, bir aileyi mutlu etme yükü yüklenir.
Peygamberimiz, farklı bir uygulama yaptı. Muhatap Fatıma değildi. Muhatap damattı. Çünkü evlilikte peygamberin söylediği o püf noktayı ihmal edenler genellikle erkekler olmaktaydı.
Peygamberimiz Hz. Ali'ye dedi:
"Ey Ali! Kızımı sana cariye olarak veriyorum, ama unutma ki sen de onun kölesisin."
Kadın, ailede zaten hep hizmet edendir. Ama köle olmayan eşler, o cariyeyi çoğu zaman ezerler.
Peygamberimiz aile içerisinde eşit bir konum belirlemekteydi. Cariye olmaya karşılık, köle olmak. Aslında köle daha çok hizmet edendir.
O, çocuklarına Adl ismi ile yönelen adaleti seven bir Babaydı (a.s.m.)...

Kızına hasta ziyareti

Hz. Fatıma hastaydı. Peygamberimiz hasta kızını ziyarete giderken yanında olan arkadaşlarının da ziyarete katılmasını istedi. Dostları bu daveti memnuniyetle kabul ettiler.

Ziyaretçiler, Hz. Fatıma'nın kapısının önündedir. Ama bir türlü içeri girememektedirler.

Hz. Fatıma'nın, yabancı birisini içeri kabul edecek örtüsü yoktur. Peygamberimiz ona örtüsünü nasıl örtmesi gerektiğini söyler. Ancak nasıl örterse örtsün ya bedeninden bir parça, ya da başından bir kısım açıkta kalmaktadır.

Sonunda peygamberimiz, kendi üzerinden bir örtüyü Fatıma'ya verir. Fatıma bu örtü ile örtünerek tam tesettürü sağlar. Peygamberimizle birlikte gelen dostları da içeri kabul edilir.

Peygamberimiz, sevgili kızına kendisini nasıl hissettiğini sorar.

Fatıma, hastadır ve ağrıları vardır. Ağrılarının gittikçe arttığını söyler. Birkaç gündür yemek yememiştir.

Peygamberimiz, sevgili kızına, ufkunu dar dünyevi bakıştan, geniş uhrevi bakışa yönlendirecek bir soru sorar.

"Yavrucuğum! Dünya ve ahrette dünya kadınlarının hanımefendisi olmaya razı değil misin?"

O baştan razıdır babası gibi Rabb'inin tüm verdiklerine. Açlığa, susuzluğa, bedenini tam örtecek büyükçe bir parça örtü bulamamaya. Her şeye... Yokluğun, yoksulluğun her türlüsüne... Varlıktan sıfır noktada arınmaya. Sonsuza ulaşmak için, dünyada sıfır olmaya. Rabbine ulaşmak uğrunda, o razıdır Rabb'inden gelen her şeye...

O, bilmektedir tüm varlar yok edilmeden, O vara kavuşulmayacağını.

O, çocuklarını hakiki varlığa götüren babaydı...

O, çocuklarını Vacibü'l-vücuda götüren Babaydı (a.s.m.)...[46]

Babayla eşleri kıyaslama

Eşiyle bir sorunu vardı Hz. Rukiye'nin. Konuşmak, derdini birilerine anlatmak ihtiyacı duydu.
O kapıya koştu.
Evine. Baba ocağına, babasına...
Her genç kızın evlendikten sonra yaşadığı problemlerde akıllarına gelen o ilk kapıya. Çözüm kapısı görülen o kapıya. Kimi zaman da sığınak olan o kapıya...
Gitti Rukiye bu düşüncelerle o kapıya...
Bazen aileler, genç kızların bu rahatlama kapısını evine alışsın, oraya bağlansın düşüncesiyle kızlarına kapatırlar. Daha da kapanır kızlar içine. Daha da sıkışır ruhları. Daha da bunalır psikolojileri.
Peygamberimizin gönlü gibi kapısı da her zaman açıktı çocuklarına.
Eşiyle problemli Rukiye'si gelmişti şimdi de yanına. Eşinden şikayet etti peygamberin güzel gülü. Kız kardeşi Fatıma'nın eşinin kendi eşinden daha iyi olduğunu söyledi
Eşi Hz. Osman ile eniştesi Hz. Ali'yi kıyasladı. Peygamberimiz dinledi ve dedi:
"Kızım, kadın için kocasını şikayet etmekten daha tatlı bir şey yoktur."
Aile sorunlarında küçük meseleler annelere anlatılır hep. Babalar pek duymadan çözülür sorunlar.
Ama peygamberimiz öyle değildi. Çocukları tüm sorunlarını ona götürürdü.
Çocukların erkek değil de, kız çocuğu olduğunu düşünürsek babaya ait sorunlar değil gibi düşünülebilir kızların sorunları. Erkek çocuklarının sorunları daha erkekleri ilgilendirir olarak görülebilir. O kızlarının her türlü sorunlarına çare bulan ve onlarla ilgilenen bir babaydı.

peygamberimiz nasıl bir babaydı?

O babaydı...
O, Semi ismiyle çocuklarını dinleyen bir babaydı...
O, Allah'ın işiten ismi olan Semi ile çocuklarına yönelen ve onların sorunlarını dinleyen bir Babaydı (a.s.m.)...[47]

Yavrusuna sabır tavsiyesi

Peygamberimiz, çocuklarının hayatlarından dolayı sıkıntı çekmiş bir babadır. Erkek çocukları öldüğü için Mekke müşriklerinin ebter (soyu kesik) söyleyişlerine muhatap olmuştur.

Ebter diyenlere, karşılık Rabbimiz, ona Kevseri müjdelemişti. Ona altın bir neslin Kevserciğini vermişti, ama sıkıntılı ve meşakkatli bir hayatla.

Peygamberimiz, yalnız Kevserciği Fatıma'sından değil, diğer kızlarından da problemler yaşamış, üzüntü çekmişti.

Hayatı çile dolu dört kızın babasıydı O...

Sabretti ve sabretmeyi öğretti.

Hepsinin sıkıntısına dayanak oldu. Her zaman onların yanında oldu, yaranı oldu. Arka oldu, sığınak oldu. Ellerinden tuttu, gözyaşlarına mendil olurken, sorunlarına çare buldu.

Onlara annesizliklerini hissettirmedi.

Kızlarının çileli hayatları olacağı haberini, Cebrail vermişti sevgili babaya. Hele de ciğerparesi, göz nuru Fatıma'sının...

Cebrail'den aldığı haber üzerine sabır konusunda hayat için ilk uyarıyı yaptı kızlarına. Onları hayata karşı sabra, tahammüle alıştırdı.

Onun içindir ki kızları da en küçük problemde düşüp kalmadılar, yıkılıp düşmediler. Biz alemlerin onun için yaratıldığı zatın kızıyız diye şımarmadılar.

O, çocuklarını çok seven; ama şımartmayan bir babaydı.

O, çocuklarını pembe hayal dünyaları için hazırlayan bir baba değildi. O, çocuklarını gerçek hayata ve hayatta olabilecek her türlü musibete karşı hazırladı. Onlara hayatın problemleri karşısında sabretmeyi öğretti.

O babaydı...

O, çocukları için sabreden bir babaydı...

O, çocuklarına Sabır ismiyle yönelen ve sabrı öğreten bir Babaydı (a.s.m.)...[48]

Dua ile doyma

Peygamberimiz, tomurcuğunun yüzüne baktı. Gülün rengi gitmiş, yaprakları boyun bükmüştü.
Sararıp solmuştu Fatıma. Hazan rengi çökmüştü yüzüne.
Peygamberimiz, akşam hüznüne bürünmüş kızına şefkatle seslendi:
"Yaklaş ey Fatıma!"
Fatıma, babasına yaklaştı. Peygamberimiz buyurdu:
"Daha da yaklaş ey Fatıma!"
Fatıma, rahmet kaynağına yaklaştıkça yaklaştı. Sığınağına sokuldukça sokuldu. Peygamberimiz mahzun ve süzgün haldeki kızının karnının üzerine ellerini koydu ve parmaklarını açarak Rezzak'ına yöneldi:
"Ey açları doyuran, zorlukları ve sıkıntıları gideren Allah'ım! Kızımın sıkıntısını da gider."
Bir babanın yavrusu için yürekten Rabb'ine el açmasıydı bu. Tüm şefkatiyle o kapıyı tıklatmasıydı. Yanan merhamet dolu yüreğiyle o kapıyı çalmasıydı. Öyle bir çalıştı ki bu... Öyle bir yönelişti ki bu yavrusu için.
Rahmet coşuverdi...
Rahmet kuşatıverdi...
Fatıma'nın yüzüne hemen kan gelmiş, sarılığı gitmişti. Gül yüze renk gelmiş, al al olmuştu.
Bu olaya şahit olan İmran b. Husayn, Hz. Fatıma'ya daha sonra bu olayı hatırlattığında Hz. Fatıma şöyle der:
"Ey İmran! O günden sonra hiç acıkmadım."
Sevgili baba, sevgili kızını, Rezzak isminin sahibine götürmüştü. Rezzak, onu doyurdu, bir daha açlık hissetmemek üzere.
O babaydı...
O, Rezzak ismiyle çocuklarına yönelen bir Babaydı (a.s.m.)...[49]

Mescidden sonra çocuğu

Eğitimin kaynağı Rabb'den gelmişti peygamber ailesinin manevi kirlerden arınması isteği. Günahların onlardan giderilip, tertemiz olmaları istendi.

Rabb'imiz böyle istiyordu. Diyordu ki:

"Ey Ehl-i Beyt! Allah sizden bütün günahları ve manevi kirleri gidermek istiyor."

Peygamberimiz, Rabb'in emrini aldıktan sonra her sabah namazı kızı Fatıma'nın kapısına gitti.

Tam altı ay sürdü bu gidişler. Altı ay boyunca Fatıma'yı, namaza kaldırdı.[50]

Çoğu zaman da sabah namazından sonra uğradığı bilinir Fatıma'ya. Çocuklu bir annenin, geceyi uykusuz geçirip uyanamama ihtimali için kızını gözetlemeyi ve uyarmayı ihmal etmedi. Peygamberimiz kızına eğer Rabbinin emrini yerine getirmezse kendisinin de bir şey yapamayacağını söyledi...

Zaten Fatıma, namaza kalkıyordu. Acaba neden istisnasız altı ay sürdü bu gidiş? Bizlere eğitimde belki de bir ısrar noktasıydı bu davranış. Eğitimde alışkanlığın bir anda olmayacağını öğretmekteydi. Peygamberimiz, eğitimin sabır ve süreklilik işi, ısrarla vurgulanan bir tekrar olduğunu belirtiyordu.

Allah Resulü, Fatıma gibi bir kızına namaz uyarısı için altı ay gidiyorsa, bizim çocuklarımızın dini eğitimi için belki de yıllarca sebat etmemiz gerekiyor.

Belki de Peygamberimiz bu davranışıyla, çocuklara dini davranışları alışkanlık haline getirebilmemiz için sürekli bir gayretin içinde bulunmamız gerektiğini belirtmekteydi.

O, çocuklarının dini eğitiminde sebat gösteren bir babaydı.

O, manevi boyuttaki miraçlara çocuklarını da taşıyan; Reşid ismiyle yararlı olan şeyleri gösterip, onlara davet eden bir Babaydı (a.s.m.)...[51]

Cihat mı, çocuk mu?

Peygamberimiz için çocuğun eğitimi, en önemli vazifeden daha önemliydi.
Cihat her şeyden önce gelen bir kulluktu. Canını vermekti Allah yolunda...
Peygamberimizde çocuğun eğitimi, bundan da değerli bir cihattı. Daha önemliydi.
Bu önemi, Resulullah'ın hayatında görmek mümkündü.
Peygamberimizin yanına bir baba geldi. Cihada gitmek isteğini söyledi. En büyük kazanç olan şehitliğe ulaşmayı düşünmekteydi.
Peygamberimiz, cihada çıkmak için müracaat edenlere geride çoluk ve çocuğuna bakacak birilerinin olup olmadığını sorardı, bu şahsa da öyle yaptı.
Cihada gitmek isteyen bu kişinin çocukları vardı.
O zaman eğitim babası, ona buyurdu:
"Ben ancak bir muallim olarak gönderildim." [52]
Peygamberimiz babaya cihat için izin vermedi.
Ona dedi:
"Onların yanına dön, zira cihadın iyisi onların içerisindedir."[53]
Baba, çocuğun eğitimi için en önemli unsurdur. Babasız eğitim çok zordur. Babanın eğitimi etkin ve kalıcı eğitimdir. Çünkü Allah da bu vazifeyi babaya vermiştir. Her baba, çocuğunun öğretmenidir.
Peygamberimiz, babanın savaşa gitmesine izin vermedi.
Aslında en zor cihada gönderdi onu.
Cihatta şan vardır, şeref vardır. Nefsin lezzet alması vardır. Başkalarının takdiri vardır. Alkışı vardır.
Ama ya evindeki eğitim cihadında?
Gösteriş yok. Alkış yok. Nefsi lezzet yok. Bilâkis zorluk var.

Meşakkat var. Çünkü eğitim kolay bir iş değildir.
İşte peygamberimizin babalık modeli buydu.
O, çocuk eğitimini çok önemli gören bir babaydı...
O, çocuk eğitimini cihadın da önünde gören bir baba idi...
O, çocukları Allah'ın eğiten ismi olan Rab ile eğiten bir Babaydı (a.s.m.)...

Namaz kılmaz mısınız?

Yine bir geceydi...
Nurun kandil kandil kalplere döküldüğü bir gece...
Tüm yıldızların, Medine'nin kucağına indiği gecelerden bir gece...
Medine ufuklarından rahmetin salkım salkım yağdığı bir gece...
Meleklerin, sevgilinin beldesinde bulunmak için yarış ettikleri gecelerden bir gece...
Her sahabenin, evinde gecelerin kulluk nakışı ile nakış nakış sonsuzlaştırıldığı gecelerden bir gece...
Peygamberin dostlarının, uykuyu gecelerinden kovdukları gecelerden bir gece...
Böyle bir geceydi.
Peygamberimiz kızı Fatıma'yı ziyarete gitmişti.
Kızı ve damadına sordu:
"Siz namaz kılmaz mısınız?"
Peygamberimizin bu sorusuna Hz. Ali bir ayete atıfta bulunarak cevap verdi:
"Ya Resulullah! Hayatımız Allah'ın kudret elindedir, bizi uyandırmak isterse uyandırır."
Hz. Ali'nin Zumer Suresi 42. ayetine dayanarak verdiği cevaptan sonra Peygamberimiz oradan ayrıldı. Yalnız onlardan yüzünü çevirirken elini dizine vurarak dedi:
"Umumiyetle insanlar ne de çok cidalci (mücadeleci) oluyor."
Peygamberimiz de, damadına bir başka ayete atıfta bulunarak cevap vermişti.
Peygamberimizin bu namazdan kastı teheccüd namazıydı.
Allah Resulü, kızı ve damadına, teheccüd namazı kılma konusunda yönlendirme yapmaktaydı.

O, çocuklarını farzlardan başka, nafile ibadetlere de teşvik eden bir babaydı.

O, kulun Allah'a nafile ibadetle yakınlaştığı gerçeği ile çocuklarını uyaran bir babaydı...

O, Allah'ın korkutan, ceza ile tehdit eden ismi olan Nezir ile çocuklarını uyaran bir Babaydı (a.s.m.)...[54]

Dördüncü kızın doğumuna sevinç

Kara bahtlı kızlar doğuyordu sıcak çöllerde. İstenmeyen bebekler. Doğumları ailelerinde utanç kabul edilen masum yavrucaklar. Kızı olduğunu haber alan babaların kederi yüzlerine vuruyordu. Kararan yüzlerin gerisindeki beyinler, hemen bu yavrudan kurtulacakları anın planlarını yapıyordu.

Zavallı bebekler, meçhule gidişin ilk adımlarını atmış oluyorlardı doğumlarıyla. Sıcak kumlara gömüleceği ana kadardı aldığı minik nefescikleri... Bu zavallı yavrucakların yüzünü okşayan, yanaklarına buseler konduran bir kimsede bulunmuyordu çoğu zaman.

Bahtsız kıza kaygı ve keder ile bakıyordu anneleri de. Yakında ayrılacakları bebeğe, belki de fazla sevgi göstererek bağlanmak istemiyorlardı. Kız anası olmaktan utanarak bakıyorlardı çevreye. Erkek doğuramamanın ezikliğini yaşıyorlardı toplumda. Kız anası olmanın ayıbını.

Gülmüyordu sanki yavrucuk. Gülemiyordu anası. Doğan her kız, kara bir haberdi aileler için. Kararıyordu ananın dünyası. Kara kumlara gömülecek bir bebeği götürüyordu sinesine, sayılı emzirmeler için.

Tüm kız bebeklerin doğumunun böyle yaşandığı bir anda ve toplumda doğdu o.

Babasının dördüncü kızıydı...

Dördüncü kızdı hiç erkek çocuğunun olmadığı bir ailede.

Babanın sevincine diyecek yoktu. O kadar sevinmişti ki minik kızın doğuşuna! O kadar mutlu olmuştu ki!

Mutluluğunu bebeğin ebesi ile paylaştı. Doğumdan hemen sonra odaya girerek ebe Sevade bint Mısrec'e dualar etti.

O, çocukları arasında ayırım yapmayan bir babaydı. Kız erkek diye bir cinsiyet mantığı ile çocuklarını değerlendirmeyen bir ba-

dördüncü kızın doğumuna sevinç

baydı. O, çocuklarını sayı olarak görmeyen bir babaydı. Her çocuk onun için tekti. Her çocuk özeldi. Her çocuğunu Rabb'i özel olarak ona hediye ediyordu. Her çocuğun doğumu ayrı bir kutlamaydı onun için.

O, çocuklarını Muh'sin ismiyle Onun bir hediyesi olarak gören bir Babaydı (a.s.m.)...[55]

Üvey baba

O, yalnız kendi çocuklarının babası değildi. O, yalnız kendi öz çocuklarına iyi davranan bir baba değildi...
O, aynı zamanda bir üvey babaydı.
Başkalarının çocuklarını kendi çocuğu gibi koruyan kollayan, onların davranışlarına sabırla karşılık veren bir üvey baba.
Hz. Hatice vefat etmişti. Mekke'nin zor dönemleriydi. Peygamberimizin dostları, onun Hz. Sevde ile evlenmesini uygun bulmuştu. Hz. Havle bu büyük müjdeyi Hz. Sevde'ye ulaştırmıştı. Hz. Sevde'den cevap gelmiyordu.
Peygamberimiz, Hz. Sevde'ye kendisi ile evlenmesine mani olan nedeni sordu.
Cevap, Sevde'nin çocuklarıydı. Beş küçük çocuğu vardı. Onların Allah Resulünü rahatsız etmesinden korkuyordu. Sevde bu endişesini şöyle dile getirdi:
"Şu çocukların sabah akşam başında vızıldayacaklarını düşünüyorum da, onun için çekiniyorum."
Peygamberimiz buyurdu:
"Allah sana rahmet etsin. Kadınların hayırlısı küçük çocuklarından dolayı zorluklarla karşılaşandır."
Peygamberimiz bu sözleriyle, Sevde'nin endişesini izale etti.
O, merhamet kaynağı, beş çocuğun babalığını endişesiz ve gönül rahatlığı ile aldı.
O bir üvey babaydı...
Üvey babaların en merhametlisiydi O... Üvey babaların en şefkatlisiydi O...
Ondan daha mükemmel bir üvey baba olmadı. Hiç kimsenin de onun kadar şanslı üvey çocuğu da.
O, her şeyde olduğu gibi üvey babalıkta da en güzel örneği

üvey baba

oluşturdu. Onun davranışının dışında bir üvey babalık, onun sünnetinin dışına çıkmaktır.

O babaydı...

Babası olmayan çocuğa da baba olan bir babaydı. Baba gibi sevgiyle saran, şefkatle kucaklayan bir üvey babaydı...

O, ona yakın olan her çocuğu şefkatli kollarıyla kucaklayan; Rauf ismiyle şefkat edip, kolaylık sağlayan bir üvey Babaydı (a.s.m.)...[56]

Üvey babanın güzelleştirdiği kız

Ümmü Seleme...
Uhud savaşında ölmüştü çocuklarının babası.
Garip yerlerde, birkaç yetimle kalmıştı.
Allah için evini yurdunu bırakan bu hanımı, peygamberimiz nikahı ile onurlandırmak istedi.
Peygamberimizin evlilik teklifi Ümmü Seleme'ye ulaştı. Ümmü Seleme kabul etmiyor ve kabul etmeme nedeni olarak da üç sebep gösteriyordu:
Peygamberimiz, Ümmü Seleme'nin üç endişesini tek tek giderici şu izahı yaptı:
"Yaşlı kadınım diyorsun, kadının kendinden daha yaşlı birisiyle evlenmesi ayıp değildir.
Kıskancım diyorsun, bunun senden gitmesi için Allah'a dua ederim.
Yetimlerin annesi olduğunu söyledin. Bunu bil ki onların geçimleri Allah ve Resulüne aittir."
Peygamberimiz bu yetimlere şefkatli bir baba oldu. Küçük çocuk, süt emerken annesinin yanına gelmeyecek kadar ince ve hassas davrandı...
Öyle sevdi ki Ümmü Seleme'nin küçük kızını, sevgi ile serptiği abdest suyu, kızın yüzünü asrın güzeli olacak kadar güzelleştirdi.
Bu, sevginin çocuğu güzelleştirme mucizesiydi...
Farklı iki aileden gelen, farklı iki annenin çocuklarının üvey babasıydı Allah Resulü. Bu çocukları aynı ortamda kavgasız, gürültüsüz, problemsiz en güzel şekilde eğitti. [57]
O, Müdebbir ismiyle idare eden bir Babaydı... [58]

Davranışla eğitim

Yine bir ayrılıktan dönmüştü. Her zamanki gibi ilk uğrak yeri Fatıma'sının eviydi. Ona gitti. Yavrusunu görmeye. Ayrılık günlerinin hasretini gidermeye.

Fatıma da vuslatı soluklayacaktı. Hasret ateşini, o gül yüzü görmekle söndürecekti.

Heyecanla bekledi sevgili babasını.

Sevgili baba gelmişti Fatıma'sının evine. Torunları Hasan ve Hüseyin'i dışarıda oynuyordu. Çocukları sevdi, ama içeri girmeden ayrıldı.

Hz. Fatıma'nın yüreğine bir başka ateş düştü. Sevgili babası neden girmemişti içeri? Ne hata yapmıştı? Babayı içeri girdirmeyen ne idi?

Hz. Fatıma, babasının neye tepki gösterdiğini anlamakta gecikmedi. Yavruları Hasan ve Hüseyin'in kollarına gümüş bilezik takmıştı. Demek ki Allah Resulü bu süslerden hoşlanmamıştı.

Hz. Fatıma, hemen çocukların kollarından bilezikleri çıkartarak birkaç parçaya böldü ve çocuklar arasında paylaştırdı.

Çocuklar üzülmüştü bileziklerinin kırılmasına. Ellerinde gümüş bileziklerinin parçaları olduğu halde ağlayarak dedelerinin yanlarına gittiler.

Peygamberimiz çocukların elindeki bilezik parçalarını alarak Sevban'a dedi:

"Bunu falan yere götür. Fatıma'ya aşık kemiğinden yapılmış bir gerdanlık, fildişinden yapılmış iki bilezik satın al. Hasan ve Hüseyin benim Ehl-i Beytimdir. Dünya hayatında iken süslerini yiyip bitirmelerinden hoşlanmam..."

Peygamberimizin davranışı eğitimdi.

O çocuklarını öyle memnun ediyordu ki, Onun hoşlanmadığından, çocuğu da hoşlanmıyordu. Çocuk hemen yanlışını anla-

peygamberimiz nasıl bir babaydı?

yıp babanın hoşlanacağı şekilde davranıyordu. Çocuk da babasını memnun etmek istiyordu.

O, Rab isimi ile çocuklarını eğiten bir babaydı

O, Halim ismiyle eğitimde yumuşak davranan bir Babaydı (a.s.m.)...[59]

Çocuklarını koruyan babaydı

O, koruyan bir babaydı.
Çocuklarını tüm kem gözlerden korudu.
Tüm şerlerden korudu.
Tüm kötülüklerden korudu.
Gözlerini korudu. Kalplerini korudu, imanlarını korudu.
Dünyalarına hiçbir küfrün, hiçbir kötülüğün girmesine, sızmasına, yansımasına izin vermedi.
Ahiretlerini korudu...
Bu korumada, Rabb'inin koruması en büyük korumaydı Onun için. Onları, her an O'nun huzuruna götürdü. Onları dünyaya yöneltici hiç bir davranışta bulunmadı, hiçbir konuşma yapmadı.
Asıl koruyanın kapısına gönderiyordu onları her defasında. Sabaha ulaştıklarında ve akşama kavuştuklarında O'nu zikretmelerini istiyordu:
"Sübhanallahi ve bi-hamdih. Vela kuvvete illa billah. Maşallahu kane vema lem yeşe' lem yekun. A'lemü ennellahe ala külli şey'in kadir. Ve ennellahe kad ehata bi-külli şey'in ilma.'"
(Allah'ı tespih ederim, ona hamdolsun. Allah'ın gücünün dışında başka kuvvet yoktur. Allah'ın dilediği olur, dilemediği olmaz. Biliyorum ki Allah, her şeye muktedirdir. Allah her şeyi ilmi ile kuşatmıştır.)
Sevgili yavrularına diyordu ki:
" Kızım, Allah'ı, kim bu şekilde sabah anarsa akşama kadar, akşam anarsa sabaha kadar korunmaya alınır."
O, çocuklarını koruyan bir babaydı.
O, çocuklarına Hafiz ismiyle yönelen, onları koruyan ve Hafiz-i Hakikiden korunmasını talep eden bir Babaydı (a.s.m.)...[60]

Sabret

Tomurcuğunun tomurcuğuydu. Fatıma'sının üçüncü çocuğuydu Muhsin. Küçük çocuk, hastalığın kollarına düşmüş çaresizce yatıyordu. Sararıp solmuş, gözleri canlılığını kaybetmişti.
Sevgili anne, yavrusunun baş ucunda umut arayışlarındaydı. Duyguları gözyaşlarıyla yol buluyordu dışarıya...
Dualarla el uzattı Rabbine.
Dualarını gözyaşlarını katık yaparak sundu Rabbine...
Dayanağı, teselli kaynağı babasına haber ulaştırdı. Gelmesini istedi. Peygamberimiz yavrusu için, yavrusunu teselli etmeye yanında dostları Muaz b. Cebel, Ubey b. Ka'b, Ubade b. Samit ile birlikte kızına gitti. Peygamberimiz, sevgili torununu görünce, durumu hemen anladı.
Fatıma'sının ellerinden tuttu. Onu Sabir olan Zat'a götürdü.
"Allah'ın verdiği ve aldığı her şey Allah'a aittir. Her canlının bir ömrü vardır. Sabret! Mükafatını Allah'tan bekle." dedi.
Sonra küçük Muhsin'i kucağına aldı. Küçük yavrucağın kalp atışları hızlanmıştı. Çocuğun ıstırabını gören Peygamberimizin şefkat pınarlarından damlalar aktı. Orada bulunan dostu Ubade sordu:
"Sen de mi ağlarsın ey Allah'ın Resulü?"
Şefkat ve sevgi peygamberi buyurdu:
"Allah ancak merhametli kullarına acır."
Muhsin, annesi Fatıma'yı ağlatarak cennete uçtu.
Sevgili Peygamberimiz, sevgili kızını yalnız bırakmadı. Gözyaşlarını sildi. Teselli etti.
Peygamberimizin sevgili tomurcuğu Fatıma'sı çile dolu bir hayata sahipti. Peygamberimiz, kızının bu çileli hayatının her safhasında ona destek oldu. Onu sabra alıştırdı. Onun her acısına sabırla destek oldu.

sabret

O, çocuklarının çile dolu hayatlarına güçlü bir duruşla duran, onlara, Allah'ın güçlü manasında olan Kavi ismiyle yönelen bir Babaydı (a.s.m.)...[61]

Çocuklarını O'na götüren babaydı

O, çocuklarının ellerini tuttu.
O, çocuklarının sevgilerini tuttu.
O, çocuklarının kalplerinden tuttu.
En önemlisi O, çocuklarının imanlarını tuttu.
Öyle tuttu ki Fatıma'sı için dedi:
"Kızım Fatıma'nın kalbini ve azalarını, Allah imanla öyle doldurmuş ki, Allah'a itaat için kendisini bütün meşguliyetlerden uzak tutmaktadır." [62]

Fatıma'sına "kızım şöyle dua et" tavsiyesinde bulundu. Yani Rabb'ini böyle tanı. Ondan böyle iste:

"Yedi kat göklerin Rabb'i Allah'ım! Büyük arşın sahibi Allah'ım! Ey Rabbimiz! Ey tüm varlıkların Rabbi! Tevrat'ı, İncil'i ve Kur'an'ı indiren, ey taneyi ve çekirdeği yaran! Her şeyin şerrinden sana sığınırım. Her canlının iradesi senin elindedir. İlk sensin! Senden sonraya hiçbir varlık kalmayacaktır. Zahir Sensin! Senin üstünde hiçbir varlık yoktur. Borçlarımı öde ve beni yoksulluktan kurtar."[63]

Marifetullahta ufuksuz bir boyut gösterdi kızına.
Rabbini tanımada son noktayı anlattı yavrusuna.
Esma esma tanıttı yaratıcısını.
Dua dua götürdü Rabbine.
O, çocuklarını Rabbine götüren bir babaydı.
O kapıdan çocuklarını hiç ayırmayan bir babaydı.
O, Mürşid ismiyle çocuklarına doğru ve yararlı şeyleri gösterip, onlara götüren bir Babaydı (a.s.m.)...

Kocana itaat et

İki ayrı insandı. İki farklı dünyaydı. İkiyi bir eden evlilikte birliği ve dirliği sağlamaya çalışmaktaydılar.

Zaman zaman Hz. Ali tarafından esen sert rüzgârlar Hz. Fatıma'nın evlilikteki muhabbet güllerini savurmaktaydı.

Hz. Fatıma latif bir babanın yumuşak davranışına alışmıştı. Hiç gönül tomurcukları incitilmemiş, sevgi çiçekleri hiç hırpalanmamıştı. Hz. Ali'den esen haşin davranışlar, Fatıma'nın yürek güllerini soldurmuş, gönül bahçesinde fırtınalar estirmişti.

Bir gün esen bu sert esinti Fatıma'yı babasının gönül kıyılarına savurdu. Koştu onun yumuşak yürek sahillerine. Oturdu dizinin dibine. Anlattı, anlattı. Sessiz sessiz anlattı. Sevgili babası gibi, yumuşak yumuşak anlattı. Kırılan kalbinin, solan hayal güllerini anlattı. Sert davranışlı eşinin mutluluk dünyasında estirdiği soğuk ürpertileri anlattı.

Baba, kızını sevgiyle, şefkat ile dinledi. Muhabbetle dinledi. Kızının kırk gönül filizlerini, savrulmuş hüzünlü sevgi çiçeklerini derledi topladı. Evlilik bahçesine sevgi buketi yapar gibi topladı ve nasihati yavrusuna yaptı:

"Kızım, eşine itaatli ol..."

Yapacak bir şey yoktu. Gel kızım demedi. Karşı çık demedi. Sen de ona sert davran demedi. O sert davranıyorsa, sen yumuşak davran, itaat et. Çözüm tek kelime ile idi. Baba mutluluğun ta kendisiydi. Çözümü şifreydi. Ne kadar sert olursa olsun eş, karşıda itaat eden bir eş olunca ne kadar sertliği devam edebilirdi ki?

Nitekim öyle de oldu. Baba ile kızın itaate niyeti hemen karşılığını bulmuştu.

Hz. Ali kendisini sevgi Peygamberine şikayete giden eşine yaptığı sert davranışlarla onu kırdığını, üzdüğünü anlamıştı. Onların sessizce kendi aralarındaki konuşmalarını duymuyordu ama, anlamıştı eşinin kırık gönül tellerini babasına duyurduğunu.

Hz. Ali yemin etti bir daha eşini üzmeyeceğine, ona sert davranmayacağına.

Biri itaate, biri de üzmemeye söz vermişti.

Babanın kızına nasihati, evlilikteki soğuk esen rüzgarları kesmişti.

O Hakem ismiyle hüküm veren, arayı bulan bir Babaydı (a.s.m.)...[64]

Ümit veren babaydı

Her şeyden önce çocuklarını tercih ederdi. Öncelik sırası onlardaydı. Bir sefere gitse, önce onları özlerdi. Önce onlara hasret duyardı. Bir seferden dönecek olsa, önce onların kokusunu almak isterdi. İlk hasret soluklarını onlarla gidermek isterdi.

İlk kucakladığı yavruları olurdu. İlk ziyaret yeri, onların evi olurdu. Seferden dönünce mescitte kıldığı namazdan sonra Fatıma'sına giderdi.

O gelsin demezdi...
O giderdi her defasında.
Yine Fatıma'sının evindeydi.
Seferden yeni dönmüştü.

Fatıma'sı özlem dolu yüreği ile kucakladı babasını. Hasret gideren öpücüklerle koklarken babasını bir taraftan da ağlıyordu.

Sevgili baba, yavrusuna niçin ağladığını sordu. Fatıması'nın cevabı gönlündeki hüznü dile getirdi:

"Ey Allah'ın Resulü! Rengini solmuş, elbiselerini çürümüş olarak görüyorum. Bundan dolayı ağlıyorum."

Peygamberimiz yavrusunun gözyaşlarını silecek bir cevap verdi:

"Ağlama ey Fatıma! Allah, senin babanı öyle bir işle vazifelendirmiş ki yeryüzünde çamurdan yapılmış hiçbir ev, kıldan yapılmış hiçbir çadır ve hiçbir otağ kalmayacaktır ki Allah o işle oraya ya izzeti veya zilleti sokmasın. Öyle ki o, gecenin vardığı son noktaya varacaktır."

O, ümit ve şevk dolu bir babaydı...
O, çocuklarına ümit veren bir babaydı...
O çocuklarına hedef gösteren bir Babaydı (a.s.m.)...[65]

Allah yolunda olan baba

Peygamberimiz ve dostları bir gün, güçlü kuvvetli sağlığı yerinde bir adam gördüler.

Peygamberimizin dostlarının dikkatini çekti adamın gücü, kuvveti. Dostlarından bazıları dediler:

"Ya Resulullah! Keşke şu adam Allah yolunda çalışıyor olsaydı. Gücünü kuvvetini bakileştirseydi. Belki bu güç ve kuvvetle Allah yolunda ne hizmetler yapabilirdi."

Hikmet peygamberinin, dostlarına cevabı şu oldu:

"Eğer bu adam küçük çocuğu için çalışıyorsa Allah yolundadır. Anne babası için çalışıyorsa Allah yolundadır.

Nefsinin iffetini korumak için çalışıyorsa Allah yolundadır.

Ehli için çalışmak için yola çıkmışsa Allah yolundadır.

Ancak övünmek için çıkmışsa şeytan yolundadır."

Peygamberimizin, Allah yolunda olma düşüncesi de farklıydı.

Peygamberimize göre çocuğu için çalışmak, Allah yolunda olmak demekti.

O, çocukları için çalışan babaları, takdir eden bir Babaydı (a.s.m.)...[66]

Şeytanların çocuklara iştiraki

Allah, şeytana:
"Çık git!" demişti.
Sonsuza dek kovmuştu onu huzurundan. Belli bir süre için de serbest bıraktı onu. İnsanları kendi tarafına çekecekti şeytan. Kendi sapıklığına yöneltecekti.
"Onlardan kime gücün yeterse seninle kandırıp yoldan çıkarmaya çalış. Onlara süvarilerin ve piyadelerinle, bütün yardımcılarınla davette bulun. Mallarına ve evlatlarına ortak olup onları harama yönelt. Onlara vaatlerde bulun. Şeytanın onlara vaad edeceği ise, aldatmadan başka bir şey değildir."[67]
Evlatlarına, mallarına, nefislerine her şeylerine ortak olabilecekti ona uyanların.
Peygamberimiz, Rabbimizin bu ikazıyla, bilhassa babaları uyardı. Şeytana karşı çocukları korumada babaların dikkatini çekiyordu.
Dostlarına dedi:
"Bir zaman gelecek ki şeytanlar insanların evlatlarına iştirak edecek."
Peygamberin dostları hayrette kalmışlardı. Sordular:
"Ey Allah'ın Resulü! Böyle şey olur mu?"
Peygamberimiz "evet olacak" buyurdu.
Dostları tekrar sordu:
"Öyle ise bizim evlatlarımız, onlarınkinden nasıl ayırt edilecek?"
Peygamberimiz buyurdu:
"Haya ve merhamet azlığından."
O her zaman uyardı...
Tüm insanları...
Kadınları...

Kızları...
Anneleri...
Çocukları...
Ve bir baba olarak tüm babaları...
O, babaları uyaran bir babaydı...
O, Selam ismiyle kendi çocuklarını ile tüm çocukları, nefis ve şeytandan koruyan, onların selamette olmalarını isteyen bir Babaydı (a.s.m.)...[68]

Allah yardım eder

Geceydi...
Yorgunluk gecenin kollarına bırakılıyordu.
Hz. Ali ile Fatıma, yatmak üzereydiler.
Allah Resulü, ansızın evlerine geldi. Kalkmak için hareket ettiler. Peygamberimiz ayakları ile bastırarak onlara izin vermedi. İkisinin arasına girdi. Peygamberimizin ayağı Hz. Ali'nin karnına değiyordu.
Peygamberimiz Fatıma'ya sordu:
"İhtiyacın nedir?"
Yeni savaş esirleri gelmişti.
Hz. Fatıma, gündüz babasının evine gitmişti. Durumunu Hz. Aişe'ye anlatarak savaş esirlerinden bir tane de kendine verilmesini istemişti. Değirmen döndürmekten kabaran ellerini, su taşımaktan aşınıp yara olan omuzlarını, ihtiyacına delil olarak göstermişti.
Hz. Aişe, babaya, kızının durumunu anlatınca Peygamberimiz gece kalkıp kızına gelmişti.
Hz. Fatıma, cevap veremedi babasının sorusuna. Hz. Ali, onun yerine eşinin ihtiyacını söyledi. Eşinin ev işlerinde çektiği zorlukları anlatıp gelen esirlerden bir tane de ona verilmesini istedi.
Peygamberimiz kızına dedi:
"Ey Fatıma! Ehl-i Suffa ashabı, ihtiyaç içerisindeyken sana bir şey veremem. Evinin işlerini yap. Yatağa girince 33 Sübhanallah, 33 Elhamdülillah ve 34 de Allahu Ekber söyle toplam 100 yapar. Bu sana hizmetçiden daha hayırlıdır."
Fatıma, babasının bu öğrettikleri karşısında,
"Allah'tan ve Allah Resulünden razıyım." dedi.
Gece gelen baba, gece yapılacak bir tespih öğretmişti...

Gündüz iş yapacak köleye karşı, gece tespihi vermişti sevgili baba. Yüz tespihle Allah'ın yüz ismiyle yardımını öğretmişti.

O, sebepleri aradan kaldıran bir babaydı.

O, bana hizmetçi yardım etmedi, Allah yardım etti imani boyutunu çocuğuna öğreten babaydı. İşlerime melekler yardım etti gerçeğini kızına idrak ettiren bir babaydı.

O, hiçbir işte araya sebepleri sokmayan bir babaydı.

O, çocuklarını Müsebbibül esbaba (tüm sebeplerin sahibine) götüren Babaydı (a.s.m.)...[69]

Peygamberimizin çocuklarına mirası

Peygamberimiz, çocuklarına hiçbir miras bırakmamıştı. Hz. Fatıma, babasının mirası için Hz. Ebu Bekir'e gittiğinde, Hz. Ebu Bekir'in cevabı şu oldu.
"Ben Resulullahtan duydum. Peygamberler miras bırakmazlar diye."
Peygamberlerin gerçekten mirası olmazdı. Çünkü onların dünyayla, dünya ciheti ile ilgileri olamazdı. Dünyaya teveccühleri de. Onların insanları dünyaya yönlendirmeleri de olmamıştı. Mirasları da...
Olmamıştır da...
Hz. Ebu Bekir, Hz.Fatıma'ya istediği mirası vermedi...
Peygamberimizin, babalara çocuklar için miras olarak tavsiyesi ise şöyle idi:
"Bir baba çocuğuna güzel ahlaktan daha üstün bir miras bırakamaz." [70]
Peygamberimize göre, babaların çocuklarına güzel ahlaktan daha üstün bir mirası olamazdı. Günümüzde babalar dünyevi miras hazırlığı için çocuklarına vakit ayıramaz iken, sevgili peygamberimiz çocuklarına hiçbir miras bırakmadığı gibi, babalara da miras tavsiyesini farklı mecralarda yapıyordu.
"Güzel ahlak..."
Bugün dillerde hürmetle anılan sevgili peygamberimizin, sevgili çocukları peygamberimizin onlara bıraktığı mal ve mülkten dolayı saygı ve sevgi görmüyorlar.
Onlar, o güzel eğitimin, güzel ahlak mirasının hâlâ dillerde gezen destanlarıdırlar. Bir babanın çocuğunu ilmek ilmek işlediği eğitim nakşının, dillerden düşmeyen, gönüllerden çıkmayan kahramanlarıdırlar...

peygamberimiz nasıl bir babaydı?

Sevgili babanın verdiği güzel ahlâkın, asırları güzel kokularıyla büyüleyen güzel gülleridirler onlar...

O, çocuklarına dünyayı miras bırakmayan bir Babaydı.

O, çocuklarını hiçbir şeye ihtiyacı olmayan Gani-yi Mugni'ye teslim eden bir Babaydı (a.s.m.)...

Süper güç baba

Ebu Talip vefat etmişti, üç gün sonra da Hz. Hatice ötelere yol aldı... Hüzün yılı, Allah Resülü ile çocuklarına hüzün dolu günler yaşatıyordu.
Yalnızlık...
Yokluk...
Gariplik...
Bir de çocukların üstüne çöken öksüzlük...
Müşrikler şımardıkça şımarmıştı.
Hüzün yılının hüznünü artırmak için var güçleriyle çalışıyorlardı.
Allah Resulü yoldan geçmekteydi. Belki, Rabb'inin evine, Kabe'sine, belki de bir kara kalpli müşriğe iman nurunu vermeye gidiyordu.
Taşlar, topraklar savruldu üstüne.
Döndü yolundan, evine geldi. Üstü başı toz, toprak içindeydi.
Küçük kızı, can evinden vurulmuştu babasının görüntüsü karşısında. Ağlamaya başladı.
Gözyaşlarıyla sildi sanki tüm tozları. Gözyaşlarıyla yıkadı elbisesine yapışmış kirleri...
Üstünü gözyaşlarıyla temizleyen genç yüreğin hüzün çağlayanını, sevgili baba, mübarek elleriyle sildi...
"Ağlama kızım, ağlama! Allah babanı koruyacaktır..."
Zorluklar karşısında çocuğuna, Allah'ı dayanak göstererek teselli etti.
Babalar, hep güçlü olarak görülmek istenir çocuk psikolojisinde. Güçlü ve koruyucu baba çok önemlidir onlar için.
O, Allah'a dayandığı için gücü hiç bitmeyecek bir babaydı. Gücünü en güçlüden alan bir babaydı. Bu güçle, çocuğuna iman dersi de veriyordu. Rabb'ini, çocuğuna güçlü olarak tanıtıyor, ben

de kulum, sen de kulsun. İkimizin de güçlü bir dayanağı var diyordu.

O, öyle Allah'a dayanıyordu ki ondan güçlü hiçbir baba olmadı.

O, çocuklarını Allah'a dayanmaya yönelten bir babaydı...

O, çocuklarına mağlup edilemeyen, güçlü olan Aziz ismiyle yönelen bir Babaydı (a.s.m.)...[71]

Saygı kimden?

Çocuk, babaya saygı ve hürmetle görevlidir. Çocuk kayıtsız şartsız babaya saygı gösterecek, hürmet edecektir.

Doğrudur...

Fakat işin bir başka boyutu da vardır. Çocuk bu saygıyı nasıl ve kimden öğrenecek. Çocuk davranışları başkasından öğrenir. Ona nasıl davranırsanız size öyle dönüşüm yapar.

Hep çocukların babalara saygısı söz konusu edilir.

Nedense eğitimde, çocuklara saygılı davranan, onların şahsiyetini zedelememiş, onlara saygısız davranışın nasıl olduğunu öğretmemiş babalardan söz edilmez.

Peygamberimizin eğitim modeli farklıydı.

Saygılı çocuklar için, ilk önce çocuklara saygılı davranan bir baba olması gerekir.

İşte peygamberimiz böyle bir babaydı.

Saygısızlığı çocuklarına öğretmedi.

Onları, saygısız davranacak konumda bırakmadı.

Peygamberimiz bu konuyu çok önemserdi. Saygılı çocuk için, saygılı baba gerekir. Çocuğa saygıyı öğretirken en önemli model, bunu ona anlatan kendi davranışlarıdır.

O, bu davranış modelinde olan babaya da dua etmekteydi:

"Çocuğunun kendisine iyi davranmasında ona yardımcı olan babaya Allah rahmetini bol kılsın."[72]

Hiçbir çocuk saygısızlığı öğrenerek dünyaya gelmemektedir. Böyle bir ruh haleti de yok çocuğun. Burada peygamberimizin, özellikle babaya vurgusu çok önemlidir. Babaya saygısızlığa alışan, baba ile arası açılan çocuğun, Allah ile de arası açılmakta ve Allah'a da saygısız olmaktadır.

Eğitimdeki bu püf noktayı bilen Peygamberimiz, dikkati annelere değil de babalara çekmektedir. Çünkü çocuk annesi ile problem yaşadığında hemen anne veya çocuk bu konuyu aşabilmektedir; ama baba ile çocuğun yaşadığı problemler genelde kin duygularına varabilmektedir. Özellikle de erkek çocuklarıyla babalar bu problemleri karşılıklı zıtlaşmaya kadar götürebilmektedirler.

Peygamberimizin bu duasına mazhar olabilmek için tüm babalar, çocuklarına yol gösterecek davranışlar içinde olmalıdır.

O çocuklarına Allah'ın Kemal sıfatıyla muhatap olan bir Babaydı (a.s.m.)...

Çocuklarına güzel isim

Babanın, çocuk üzerindeki haklarından birisiydi yavrusuna güzel isim vermek. O, bu hakkı en güzel şekilde yerine getirdi.

En güzel isimleri verdi çocuklarına, en güzel anlam içerenleri...

İlk çocuğuna çiçek anlamına gelen Zeynep ismini verdi.

Abdullah'ı Allah'ın kuluydu. Rabbine en güzel kul olan muhteşem Kul yavrusuna Allah'ın kulu anlamında Abdullah demişti.

İbrahim: Rahim sahibinin isminden geliyordu. Merhametli manasını içeriyordu.

Fatıma'sı pek çok isme sahipti. Her özelliğine bir isim verilmişti adeta.

Fatıma, "fatm" kökünden geliyordu. Çocuğu sütten uzaklaştırmak anlamı vardı. Bu anlamı içeren bir hayat tarzı yaşadı. O da dünyadan uzaklaştı.

Peygamberimiz, sevgili kızına, Fatıma ismini niçin verdiğini anlatırken Fatıma'nın başka bir anlamını da belirtiyordu:

"Kızımı Fatıma diye isimlendirmemin tek sebebi, Allah'ın onu ve onu sevenleri cehennemden uzak tutacağı gerçeğidir."

Fatıma'ya babasının verdiği ismin dışında halk da ona çok isim vermişti.

İffetli anlamı ile hayız ve doğum sıkıntısı çekmeyen manasına da gelen Betül...

Yine iffetli anlamına gelen kirlerden arındırılmış, masum olan manasında ve bakire anlamını da içeren Azra...

Allah'tan razı olmuş manasında Merziye.

Peygamberimiz gibi yüzünün parlaklığından dolayı Zehra.

Tertemiz olmasından dolayı Tahire.

Kendisine ilham getiren melek ile konuştuğu anlamında Muhaddese.

Zekiyye, Eşrefünnisa ve Seyyidetünnisa kadınların en şereflisi, kadınların efendisi de onun güzel lakap olan isimlerindendir.
O sevgili baba, buyurmuştu:
"Sizler kıyamet günü isimlerinizle ve babalarınızın isimleriyle çağrılacaksınız öyle ise isimlerinizi güzel yapın."[73]

İsim yalnız bu dünya için değildir. Başka âlemlere, ahret alemine de bu dünyadaki ismimizle gidilecek.

Onun için sevgili Peygamberimiz buyuruyor:
"Çocuğun babası üzerindeki haklarından biri, ismini ve edebini güzel yapmasıdır."

O, çocuklarının bu hakkını da en iyi şekilde yerine getiren bir babaydı...

Sevgili Peygamberimiz, çocuklarına güzel anlamlı isimler koydu. Onlar da anlamını temsil eden kişiler oldu. Öyle güzel oldular ki halk isimlerine isimler ilave etti.

O, çocuklarına Allah'ın Cemil ismiyle güzel isimler veren bir Babaydı (a.s.m.)...[74]

Torunlara isim

Sevgili Peygamberimiz, çocuklarının her şeyi ile ilgilendi. Hz. Fatıma'nın ilk hamileliğiydi. Hamileliği süresince özel bir ilgi gösterdi kızına sevgili baba.
Doğumda ilk kutlamayı yine kendisi yaptı. Küçük yavrusunun yavrusunu kucağına aldı.
Baba Hz. Ali, oğluna Harp ismini koymuştu. Peygamberimiz bu ismi beğenmedi. Savaş anlamına gelen bir ismi torununa uygun bulmadı.
Onun ismi Harp değil, güzellik, iyilik anlamına gelen Hasan olmalıydı.
Kızının on ay sonra yine bir oğlu oldu. Baba yine ilk ziyarete gidendi. Torununu kucağına aldı. Küçük toruna baba Hz. Ali, yine Harp ismini koymuştu. Dede itiraz etti. Harp olamazdı. Buyurdu:
"Hasan'ın kardeşi Hüseyin olmalı."
Bir yıl sonra, kızının üçüncü oğlu doğdu...
Peygamberimiz yavrusunu yine ilk ziyaret edendi. Onu ilk kutlayan, Allah'ın gönderdiği hediyeyi yavrusuyla birlikte ilk kucaklayan ve kundaklayan yine oydu.
Baba Hz. Ali, çocuğa yine Harp ismini koymuştu. Peygamberimiz bu ismi yine beğenmeyerek buyurdu:
"Hayır, Harp uygun değil. Hasan, Hüseyin'e ancak Muhassin kardeş olur, Muhassin koymayı tercih ederiz. İsmi Muhassin olsun. İhsan eden. (Türkçe'de Muhsin demekteyiz.)
O, çocukları ve çocuklarının çocukları için hep güzeli ve hayrı tercih eden bir babaydı.
O, Müzeyyin ismi ile çocuklarına yönelen bir babaydı... [75]

Kardeş birliği

Peygamberimiz kardeşler arasında birlikteliği sağlayan bir babaydı.

Ailede en önemli unsur birlik beraberlik içerisindeki muhabbettir. Peygamberimiz bu birlik, beraberlik ve muhabbeti çocukları arasında en güzel şekilde oluşturmuştu.

Kardeşler arasında birlik ve beraberliğin önemli şartlarından biri ve belki de en önemlisi ana babalarının bir olmasıdır. Peygamberimizin tüm çocukları—Hz. Mariye'den doğan İbrahim hariç—Hz. Hatice'den doğmuştu.

Yani ana ve baba birdi. Anne ve babanın aynı oluşu, kardeşler arasında muhabbet ve bağlılığı daha çok artırmaktaydı. Peygamberimizin diğer hanımlarıyla evliliklerinde çocuğunun olmamasının pek çok hikmetlerinden belki de en büyüğü buydu.

Küçük yaşta ölen Kasım ve Abdullah'ı bu çerçevenin dışına alırsak, dört kız kardeş arasında çok güçlü bir gönül bağının kurulmuş olduğunu görürüz.

Öyle ki Hz. Fatıma, iki kızına, iki kız kardeşinin adını vermiştir.

O, kardeşler arasındaki bağlılığa önem veren bir babaydı.

O birliği sağlayan bir babaydı...

O, muhabbeti seven bir babaydı...

O, kardeşler arasında birliği ve dirliği giderici şeylere fırsat vermeyen bir babaydı.

O, çocuklarına Vahid ismiyle yönelen bir Babaydı (a.s.m.)...

Alemlerin toplandığı örtü

Yine sevgili kızının evindeydi sevgili baba.
Kızına dedi:
"Vücudumda bir bitkinlik hissediyorum."
Sevgili Fatıma'sı tüm sevgisi ve şefkatiyle konuştu.
"Allah seni bitkinliğe karşı korusun."
Sonra sevgili baba, Fatıma'sına dedi: "Kızım, Yemen malı olan abâyı getir ve benim üzerime ört."
Abâyı üzerine örten Fatıma, babasının yüzünün dolunay gibi parladığını gördü. Çok geçmeden oğlu Hasan geldi.
Annesine dedi:
"Ben burada bir güzel koku hissediyorum; bu koku ceddim Resulullah'ın (s.a.a) kokusuna benziyor."
Anne yavrusunun sözlerini doğruladı:
"Evet, ceddin kisânın (abânın) altındadır."
Hasan, abâya doğru yaklaştı. Peygamberimiz onu abanın altına aldı.
Çok geçmeden, Hüseyin de geldi. O da kardeşi gibi annesine sordu:
"Anne, ben burada bir güzel koku hissediyorum; ceddim Resulullah'ın kokusuna benziyor." Anne bu yavrusuna da:
"Evet, ceddin ve kardeşin abânın altında bulunuyorlar." Dedi.
Hüseyin abâya doğru yaklaştı. Sevgili dede, bu yavruyu da abasının altına aldı.
Bu esnada Fatıma'nın eşi Hz. Ali de geldi.
O da yavruları gibi eşine dedi;
"Ben burada güzel bir koku hissediyorum; bu koku amcam oğlu ve kardeşim Resulullah'ın kokusuna benziyor."
Sevgili eşi:
"Evet" dedi.

Hz. Ali de abâya doğru ilerledi. Peygamberimiz onu da abasının altına aldı. Sonra kızını da çağırıp onu da abanın altına soktu. Tüm aileyi abanın altında topladıktan sonra sevgili baba şöyle dua etti: "Ey Allah'ım bunlar benim Ehl-i Beyt'im ve benim özel yakınlarımdır. Bunların eti benim etimdendir ve kanları benim kanımdandır; bunları inciten şey, beni de incitir ve bunları üzen, beni de üzer. Ben bunlarla savaşanlarla savaşırım ve bunlarla sulh içinde olanlarla sulh içindeyim; bunların düşmanlarına düşmanım ve bunları sevenleri severim; bunlar hakikaten bendendirler ve ben de bunlardanım.

Allah'ım! Kendi rahmet ve bereketini, ihsan ve bağışını bana ve bunlara indir ve bunlardan her türlü pisliği gider ve bunları tertemiz kıl."

Bu duaya karşılık Allah buyurdu:

"Ey benim meleklerim ve ey göklerde bulunanlar, bina edilmiş gökyüzünü ve döşenmiş yeryüzünü ve aydınlatan ay ve ışık saçan güneşi, dönen her feleği (gezegeni), akan denizi, sadece abânın altında olan bu beş kişinin muhabbeti için yarattım."

Cebrail Rabb'ine sordu: "Ya Rabbî, abânın altında bulunanlar kimlerdir?"

Her şeyiyle eşsiz ve kusursuz Allah, sevgisini ve sevgililerini belirtti:

"Onlar, Peygamberin Ehl-i Beyt'i ve risaletin madenidirler. Onlar, Fatıma, babası, kocası ve çocuklarıdır."

Cebrail bu sevgililerin arasında olmak için Rabb'inden izin istedi.

"Ya Rab! Yere inip onların altıncısı olmama izin verir misin?"

"Evet izin verdim" dedi Allah.

Cebrail de gelip Peygamberimize dedi:

"Es-selamu aleyke ya Resulullah. Yücelerin en yücesi olan Yüce Allah, sana selam gönderiyor, güzel tebrik ve ikramını sana sunuyor ve sana buyuruyor ki:

"İzzet ve celalime ant olsun, ben bina edilmiş gökyüzünü ve döşenmiş yeryüzünü ve aydınlatan ayı ve ışık saçan güneşi ve dö-

kardeş birliği

nen her feleği (gezegeni) ve akan her denizi sadece sizin hatırınız, sizin muhabbetiniz için yarattım."

Devam etti:

"Allah Teala, benim de sizinle birlikte olmam için izin verdi. Ya Resulullah, sen de izin veriyor musun?" dedi.

Resulullah şöyle buyurdu: "Ve aleyke's-selam ya emine vahyillah, innehu na'am kat ezintu lek" yani sana da selam olsun ey Allah'ın vahyinin emini, evet sana izin verdim.

Bunun üzerine Cebrail de abânın altına girdi ve Peygamberimize dedi ki:

"Allah size şöyle vahy etmiştir:

"Gerçekten Allah istiyor ki, siz Ehl-i Beyt'ten her türlü pisliği gidersin ve sizleri tertemiz kılsın." [76]

Bu sırada Hz. Ali Peygamberimize sordu:

"Ya Resulullah, bizim bu abânın altında oturmamızın Allah indindeki fazileti nedir?"

Peygamberimiz şöyle buyurdu:

"Ey Ali, beni hak üzere peygamber olarak gönderen ve insanların kurtarıcısı olarak risaleti için beni seçen Allah'a and olsun ki, bizim bu haberimiz, bizim takipçilerimizden bir topluluğun bulunduğu herhangi bir mecliste söylenirse ve onların içerisinde müşkülü olan birisi olursa onun müşkülünü Allah mutlaka giderir. Onların içerisinde gamlı biri olursa Allah onun gamını bertaraf eder ve onların içerisinde bir ihtiyacı olan olursa Allah onun ihtiyacını giderir." dedi.

Bunu duyunca, Hz.Ali dedi:

"O zaman Allah'a and olsun ki, biz mutluluk ve saadete kavuştuk ve Kâ'be'nin Rabbine andosun ki bizim takipçilerimiz de dünya ve ahirette mutluluk ve saadete kavuştular." [77]

Sevgili baba, abanın altında tüm sevdiklerini toplamıştı.

O abanın altında, tüm alemler toplanmıştı.

O, Cebrail'i bile cezb edecek bir Babaydı (a.s.m.)...

Çocuğunu mehdi ile teselli

Peygamberimizin son günleriydi.
Hastaydı...
Babasının hastalığı ağırlaştıkça, dünyada kalan tek yavrusu Hz. Fatıma'nın, üzüntüsü ve gözyaşları da artıyordu.
Endişeleniyordu...
Korkuyordu Fatıma. Babasızlık korku olarak düşmüştü yüreğine.
Fatıma, babasının başucunda yüksek sesle ağlıyordu.
Resulullah (s.a.v.) ona doğru bakarak sordu:
"Ey habibem (dostum) Fatıma, niçin ağlıyorsun?"
Fatıma: "Senden sonra helak olmaktan korkuyorum" dedi. Bunun üzerine, Peygamberimiz (s.a.v.) şöyle buyurdu:
"Ey habibem, bilmiyor musun, Allah Teala yeryüzüne bir defa nazar etti ve içinden senin babanı seçti ve babanı risaletiyle görevlendirdi. Sonra tekrar yeryüzüne nazar etti ve (insanlar arasında) senin eşini seçti ve seni onunla evlendirmemi bana vahy etti.

Ey Fatıma! Biz öyle bir Ehl-i Beyt'iz (bir aileyiz) ki, Allah bizlere önceki ve sonraki insanlardan hiçbirine vermediği yedi özellik vermiştir:

Ben, Allah yanında Hatem-ün Nebiyyin ve Ekrem-un Nebiyyin'im (yani peygamberlerin sonuncusu ve en üstünüyüm) ve mahlukat arasında Allah'ın en çok sevdiği (kul) benim ve ben senin babanım.

Benim vasim, vasilerin en üstünü ve Allah'ın en çok sevdiği vasidir ve o da senin eşindir.

Meleklerle birlikte cennette iki yeşil kanatla uçacak olan bizdendir; o da babanın amcasının oğlu ve kocanın kardeşidir.

Bu ümmetin iki torunu da bizdendir; onlar da senin çocukla-

çocuğunu mehdi ile teselli

rın Hasan ve Hüseyin'dir; onlar cennet ehlinin gençlerinin efendileridirler. Ve beni hak üzere gönderene ant olsun ki, onların babası onlardan daha üstündür.

Ey Fatıma! Beni hak üzere peygamber olarak gönderene ant olsun ki, bu ümmetin Mehdi'si de o ikisindendir (Hasan ve Hüseyin'in soyundandır). Öyle ki dünyayı kargaşalık sarar ve fitneler baş gösterir, yollar kesilir, insanlar birbirlerine saldırırlar, ne büyük küçüğe merhamet eder ve ne de küçük büyüğe saygı gösterir; böyle bir zamanda Allah bu ikisinin soyundan sapıklık kalelerini ve kilitli kalpleri fethedecek birini gönderir. Benim dini ilk zamanda hakim kıldığım gibi, o da dini ahir zamanda hakim kılar ve (o gelmeden önce) dünya zulümle dolduğu gibi (o dünyayı) adaletle doldurur.

Ben Rabb'imden istedim ki, Ehl-i Beyt'im arasında bana kavuşacak olan ilk şahıs sen olasın."[78]

Peygamberimiz, kendisinden sonra fitnelere düşmekten korkan kızını, soyundan gelecek Mehdi ile teselli eder.

Sevgili babanın son isteği, ailesinden ona ilk kavuşacak olanın kızı Fatıma olması dileği hemen gerçekleşir. Bir rivayete göre 6 ay, bazı rivayetlerde de yetmiş beş gün içerisinde Hz. Fatıma, babasına kavuşur.

O her konumda çocuklarını teselli eden Refik ismiyle onlara arkadaş olan bir Babaydı (a.s.m.)...

Sonsuzluk için uyaran baba

Güneş solgun, yıldızlar şaşkındı. Güllerin kokuları gitmiş, bülbüllerin şakımaları kesilmişti. Tüm kâinat, şevkini kaybetmişti.
Medine ufuklarında güneş ilk defa hüzünle battı.
Hüzün kol gezdi alemde.
Yıldızlar ağladı.
Melekler ağladı.
Dağ, taş, in, cin ağladı.
Yaratılmış ve yaratılacak olan her şey ağladı.
Kıyamete kadar gelecek tüm ümmet ağladı.
Dostları onun için ağladı.
Yürekler yanık, gözler güneş kızılı, gönüller doluydu...
Hayatta kalan tek yavrusu Fatıma'sı sevgili babasının başında hiç kimsenin duyamayacağı keskin, yakıcı, kavurucu bir üzüntüyle, "Vay babacığım!" diyor, üzüntüsünü mısralara döküyordu:
"Üzerime öyle musibetler döküldü ki, bu musibetler gündüzler üzerine dökülseydi bu nurlu gündüzler, simsiyah gece kesilirdi."[79]
Yüreği kor kordu...
Kolu kanadı kırık bir kuş gibiydi.
Muhabbet güneşi bu dünyada bir daha doğmamak üzere batmıştı. Bir daha gülmemek üzere gülümsemeler silinmişti dudaklarında. Mahzunluk çöreklenmişti gönül dünyasına. Öksüzlüğüne bir de yetimlik duygusu oturmuştu.
Ağlıyordu...
Kainat ağlıyordu, tüm yaratılmışlar ağlıyordu... Güneşler, yıldızlar ağlıyordu... Sevgili yavru ağlıyordu...
Sevgili baba, son anlarında yine yavrusunu düşünüyor, son sözleri arasında Fatıma'sına sesleniyordu.

"Ey kızım Fatıma! Allah katında makbul olacak ameller işleyiniz. Bana güvenmeyiniz. Çünkü ben sizi Allah'ın gazabından kurtaramam."[80]

Allah'ın razı olacağı şekilde yaşamasını anlatıyordu kızına ve tüm insanlığa son sözleriyle.

Son anında bile kıyamete kadar uzanacak eğitimi veriyordu kızına ve herkese.

O bir muallimdi.

O en büyük öğretendi.

O, kimsenin olmadığı kadar, olamayacağı kadar müşfik bir babaydı...

O, sonsuzun aynası olan Baki'nin elçisiydi.

O, Baki ismiyle çocuklarını sonsuz hayata hazırlayan bir baba idi...

O Ebed ismiyle çocuklarına yönelen bir Babaydı (a.s.m.).

Ve o babaydı...

O babaydı...
Buyurdu: "En hayırlınız ailesine en hayırlı olanınızdır." [81]
O, çocuklarına en hayırlı olan bir babaydı...
O, babaydı...
Buyurdu:
"Çocuklarınıza gereken ikramı yapın ve terbiyelerini güzel yapın."[82]
O, çocuklarına en çok ikram edip, en iyi terbiye eden bir babaydı...
O babaydı...
Buyurdu:
"Ey ümmetim! Hepiniz çobansınız, ailenizin her ferdi, öbürlerine karşı bir takım vazifelerin ifasıyla sorumludur. Ve bu vazifelerden dolayı Allah'a karşı mesuldür."[83]
O, bu vazifeyi en iyi şekilde yerine getiren bir babaydı...
O, babaydı...
Buyurdu:
"Bir çocuğunu defneden kimse, sabreder ve Cenab-ı Hak'tan ecrini dilerse, o kimseye Cennet nasip olur." [84]
O, altı çocuğunun ölümüne sabreden bir babaydı...
O, babaydı...
Buyurdu:
"Kızlara karşı nefret duymayın, zira onlar kıymetli can yoldaşlarıdır."
O, kızlarının can dostu olan, candan seven, can bir babaydı...
O, babaydı...
Buyurdu.
"Kız ne güzel evlattır. Şefkatli, yardımsever, munis, kutlu ve analık duyguları ile doludur."

ve o babaydı...

O, şefkatli yaratılan kız çocuklarına, en şefkatli davranan şefkatli bir babaydı...

O, babaydı...

Buyurdu:

"Müminlerin iman yönünden en olgunu ve ahlak bakımından en güzel olanı, çoluk çocuğuna karşı iyilikle davranıp bağışı bol olanıdır."

O, çocuklarına en güzel davranan bir babaydı.

O, çocuklarına çok bağışta bulunan ihsan sahibi bir babaydı...

O, babaydı...

Buyurdu:

"Kimin çocuğu varsa onunla çocuklaşsın."

O, çocuklarının dünyasına ulaşan bir babaydı.

O babaydı...

Buyurdu:

"Kim kızlarla (çocuklarla) imtihan edilirde, onlara iyi davranırsa, kızlar, onun için ateşe karşı perde olurlar." [85]

O, dört kız çocuğu ile en çetin sınavları yaşayan bir babaydı.

O, kızlarının hayat sınavlarına sabreden ve onlara destek olan bir babaydı...

O babaydı...

Buyurdu:

"Allah öpücüğe varıncaya kadar her hususta çocuklar arasında adaletli davranmanızı sever."[86]

O, çocuklarına adaletli davranan bir babaydı...

O, babaydı...

Buyurdu:

"Çocuğunun kendisine iyi davranmasında ona yardımcı olan babaya, Allah rahmetini bol buyursun."[87]

O, çocuklarına en iyi davranan bir babaydı...

O, babaydı...

Buyurdu:

"Küçüklerine şefkat etmeyen bizden değildir." [88]

O, tüm çocuklara ve kendi çocuklarına çok şefkat eden bir babaydı...

peygamberimiz nasıl bir babaydı?

O, babaydı...
Tüm Esma'ül Hüsna ile çocuklarına yönelen bir baba...
Ve O babaydı...
Allah'ın tüm güzel isimleri ile çocuklarını nakış nakış işleyip, terbiye eden bir baba...

Sonunda...

Çiledermiş onlar.
Analar...
Sabır bakışlıdır onlar...
Analar...
Ak saçlı, ak kalpli.
Fedakâr, şefkatlidir onlar...
Analar...
Çocukları için hayatını yok sayanlar...
Analar...
Hep onlardan söz edilmiştir. Babanın yokluğunda hem ana, hem baba olan analardan. Analar yüklenmiş tüm çocukların sorumluluğunu. Babalar, çoğu kez çocukların sadece maddi ihtiyaçlarını temin ile sorumlu sanılmış.
Peygamberimizde, çok değişik bir babalık tarzı görüyoruz.
O, hem ana, hem baba.
O, çocuklarının her türlü meselesi ile ilgilenen bir baba.
Sıkıntılı anlarında yanında olup gözyaşlarını silen bir baba. Dertlerini dinleyen, çözüm araştıran bir baba.
O, çocuklarının tüm sıkıntılarına ortak olan bir baba.
O, evlatlarının her koşulda yanlarında, yakınında olan bir baba...
Sevgili Peygamberimizin, bir baba olarak davranışlarında ortaya çıkan hususları şöyle sıralamak mümkündür:
Sevmek...
Şefkat etmek...
Kızmamak...
Kırmamak...
Azarlamamak...
Dinlemek...

Teselli etmek...
Korumak...
Onları eşlerine karşı yalnız bırakmamak...
Çocukları sindirmemek, ezmemek, ezdirmemek...
Dünyanın geçiciliğini vurgulamak...
Hedefi ahiret göstermek...
Peygamberimiz buyurdu:
"Sizin en hayırlınız, ehline en iyi davrananızdır. Ben aileme en iyi olanınızım."

Ailesine en iyi davranmak... En hayırlı olmak için çalışmak.

O, en iyi olduğu için eşine, çocuklarına da hep en iyi oldu.

En hayırlı olmak yolunda ilk adım, o en hayırlı olanın davranış şekillerini bilmekle olur.

Sevgili Peygamberimiz buyurdu:

"Kim benden sonra terkedilmiş bir sünneti yaşartırsa, onunla amel eden insanların sevabından hiçbir şey eksiltilmeksizin, onların sevaplarından bir mislini alır. Kim de Allah ve Resulünün kabul etmediği bir bid'at çıkartırsa, aynı şekilde onunla amel eden insanların günahlarından hiç eksiltilmeksizin bir mislini yüklenmiş olur."[89]

Niyet, onun sünnetini yaşarken, onun davranışlarını bilmeyenlere de bu model davranışları duyurmaktır. Onun davranışlarından, belki de en çok ihtiyacımız olanı, çocuğumuza olan davranış biçimidir. Yavrularımızı onun yetiştirdiği gibi yetiştirmektir. Bu konuda kendimize, en doğru modeli örnek almaktır.

O model eşsiz bir Babadır (a.s.m.)...
O model babaların en muhteşemi olan bir Babadır (a.s.m.)...
O model, Resulullah'tır (a.s.m.)...
O model, Nebiyullah'tır (a.s.m.)...
O model, Habibullah'tır (a.s.m.)...

Dipnotlar

[1] Bu olay Mekke döneminde yaşanmıştı ve henüz tesettür emri gelmemişti.
[2] İsabe 582, 583; Tabakat, 24.
[3] Usd ül-gabe, 612.
[4] Buhari, Müslim,Tirmizi, Hanbel: Müstedrek, İbni Esir: Üsdül Gabe.
[5] Tirmizi, Menakıb, 21.
[6] İbni Sa'd, Tabakat, 8/20.
[7] Sahih-i Buhari Muhtasarı Tecrid-i Sarih Tercemesi c.7, s.245.
[8] İbn Sa'd, Tabakat, 8, 20.
[9] İbrahim Canan, Kütüb-i Sitte, c.17, s.201, Nesai, Nikah, 24.
[10] İbrahim Canan, a.g.e, c.7, s.492.
[11] İbni Sa'd, Tabakat, c.8, s.13-15.
[12] İbn Sa'd, Tabakat, 8/23.
[13] Ayetullah İbrahim Emini, Örnek İslam Kadını Fatıma s.86.
[14] İbnü'l-Esir, Üsdü'l-Gabe, 7175.
[15] Diyar-i Bekri, Hamis, 1/463.
[16] Tabakat, 14, İsabe 729-30.
[17] İbn Manzur, Muhtasaru Tarihi Dımaşk, 17/337.
[18] Zehair, 1/6219.
[19] Ayetullah Emini, Biharü'l-Envar, s.99.
[20] İbrahim Canan, a.g.e., c.4, s.44.
[21] Zehair, 1/157.
[22] İbrahim Canan, a.g.e. c.15, 527.
[23] İbrahim Canan, a.g.e. c.4,s.116 İstiyab, 749.
[24] Taberani, Mucem'ul-Kebir, 3/47; Zehair, 1/160.
[25] Müslim, Fedail, 62; Buhari, Cenaiz 72; Kütüb-i Sitte, c.15, s.123.
[26] İnsan suresi 5-10.
[27] Üsdü'l-Gabe, 5:530-531; Tefsirü'l-Kebir, 30:244.
[28] Rudani, 4123.
[29] Müslim, Sahabelerin faziletleri bölümü 94; Tirmizi, Menkibeler, 61.
[30] Müslim, Zikr, 27; Ebu Davud, Edeb, 17.
[31] Buhari, Vudu, 72; Cihad, 80.
[32] A. İ. Emini, a.g.e, s.61.
[33] Zevahir, 1/51.
[34] Zerkani, Şerhu'l-Mevahibü'n-Ledüniyye, 2/367.
[35] Tirmizi, Sıfatü'l-Kıyame, 34; İbn Mace, Ruhun, 6.
[36] Ebu Davud, Lukata, 14.
[37] Nisaburi, Şerefü'l-Mustafa.
[38] İbni Sa'd, Tabakat, 1:248-249.
[39] İbrahim Canan, a.g.e. c.13, s.104.
[40] Tabakat, 22; İsabe, 440.
[41] Tabakat, VIII / 26.
[42] Benat-ı Resul, s.51.
[43] Üsdü'l-gabe, 522.
[44] Tirmizi, Şemail, s.61.

peygamberimiz nasıl bir babaydı?

[45] İbrahim Canan, a.g.e. c.1, s 362.
[46] Ebu Nuaym, Hilye, c:2, s.42.
[47] Vesiletü'l-İslam, 1/62.
[48] Mevahibü'l-Ledünniye.
[49] Ebu Nu'aym, Hilyetü'l-Evliya, 6/108.
[50] İbnü'l-Esir Üsdü'l-Gabe, 7175, Sahabe.
[51] Ahmed bin hanbel, Müsned, c.3, s.259.
[52] İbrahim Canan. a.g.e, c.1, s.379.
[53] İbrahim Canan, a.g.e. c.1, s.380.
[54] Sahih-i Buhari Muhtasarı Tecrid- Sarih Tercemesi, c.4,38.
[55] İbn-i Hacer, El-İsabe, c.7, s.719.
[56] İbn-i Sa'd, Tabakat, 8:52-53; müsned, 6:211.
[57] Peygamberimizin üvey çocukları ile ilişkileri "Peygamberimiz Çocuklara Nasıl Davranırdı?" kitabımızda yer aldığı için bu kitapta üzerinde durulmamıştır.
[58] İbn-i Sa'd, Tabakat, C.VIII, s.89-90.
[59] Rudani, 58 30.
[60] Ebu Davud; Rudani, 93 40.
[61] Buhari, Tevhid, 25.
[62] Biharu'l-Envar, 43/45.
[63] Müslim, Zikir, 27; Ebu Davud, Edeb,17.
[64] İbn Hacer, el-işabe, VIII, 59.
[65] İbrahim Canan, a.g.e. c.12, s.407.
[66] İbrahim Canan, a.g.e. c.1,s.380.
[67] İsra 64.
[68] Ramuzu'l-Ahadis 5.504.
[69] Buhari, Nafakat 6, 7; Müslim, 80, 2727.
[70] Tirmizi, Birr 33, İbrahim Canan, a.g.e. c.1, s.378.
[71] Taberi, 2:229.
[72] İbrahim Canan, a.g.e. c.1, s.380.
[73] Ebu Davud, Edeb 69.
[74] İbrahim Canan, a.g.e. c.1, s.379.
[75] Müsned, 1/98-117.
[76] Ahzab/33.
[77] Evalim-ül Ulum, c.11, s.635-642. Müntahab-ül Kebir. el-Gurer-ü ve-d Dürer. Nûr-ül Afak, s.4, Tahran baskısı. İhkak-ul Hakk, c.2, s.557-558.
[78] el-Beyân Fi Ahbâr Ahir-iz Zamân, s.305, el-Erbeune Hadisen Fi Zikr-il Mehdi (a.s), 5.hadis. Zehâir-ül Ukbâ, s.135, Mektebet-ül Kudsî el-Hâvi Li-l Fetâvâ, s.66. Yenâbi-ul Mevedde, s.426.
[79] Sahih-i Buhari Muhtasarı tecrid-i Sarih Tercemesi, c.4, s,306.
[80] İbni Hişam, Sire, 4:303-304; İbni Sa'd, Tabakat, 2:256.
[81] İbrahim Canan, a.g.e. C.1374.
[82] İbrahim Canan, a.g.e. c.17, s,488.
[83] Sahihi-i Buhari Muhtasarı Tecrid-i Sarih Tercemesi ve şerhi, c.4, s.591.
[84] Sahih-i Buhari Muhtasarı Tecrid-i Sarih Tercemesi, c.4, s.313.
[85] İbrahim Canan, a.g.e. c.1, s.361.
[86] İbrahim Canan, a.g.e. c.1, s.365.
[87] İbrahim Canan, a.g.e. c.1, s.366.
[88] İbrahim Canan, a.g.e. c.1, s.373.
[89] İsabe,3.9 Üsdü'l-Gabe,4:124;İbni Mace, Tirmizi, lim:16.